GENCİN YOL REHBERİ - 1

Hazırlayan: A. Başak Sezgin

GENCİN YOL REHBERİ - 1

Hazırlayan

A. Başak Sezgin

ZAMAN

'EVRENSEL DEĞERLER EKSENİNDE'

KİTAP SERİSİ

GENCİN YOL REHBERİ - 1

Yayın Numarası: 400

Editör
Aslı KAPLAN

Görsel Yönetmen
Engin ÇİFTÇİ

Kapak
Ali ÖZER

Sayfa Düzeni
Nurdoğan ÇAKMAKCI

ISBN
978-605-5886-16-5

Baskı ve Cilt
Pasifik Ofset
Cihangir Mah. Baha İş Merkezi A Blok.
Avcılar/İSTANBUL
Tel: +90 212 412 17 77

Adres:

Muştu Yayınları

Emniyet Mahallesi Huzur Sokak No, 5
34676 Üsküdar/İSTANBUL
Tel: (0216) 318 42 88 Faks: (0216) 318 52 20

www.mustu.com

İÇİNDEKİLER

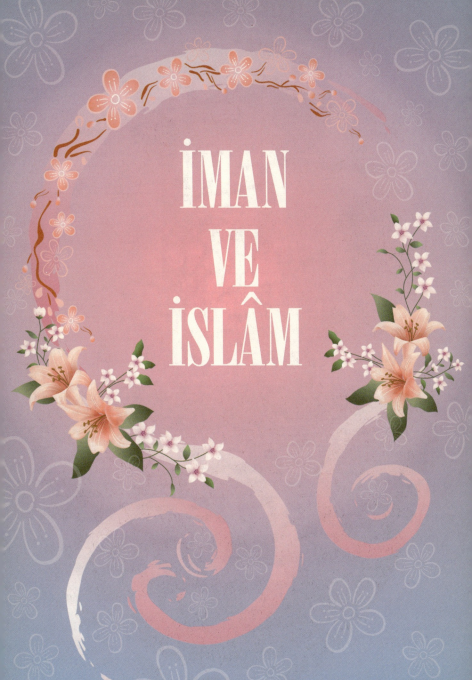

İMAN
VE
İSLÂM

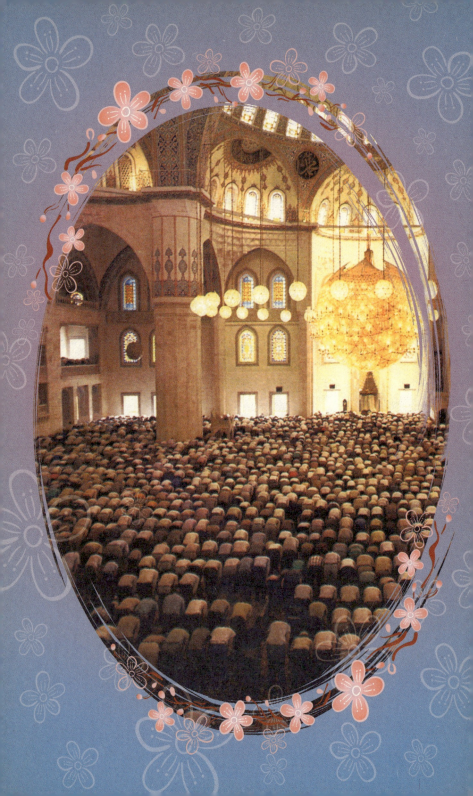

DİN BİR İHTİYAÇTIR

"Hanginizin daha güzel iş ortaya koyacağını denemek için ölümü ve hayatı yaratan O'dur. O üstün kudret sahibidir, affı ve bağışlaması boldur." (Mülk Sûresi, 2. âyet)

Yüce Allah; insanı, bu dünyaya ebedî bir hayatı kazanması için göndermiştir. Allah, insanın ebedî bir ömrü, sonsuz mutluluğu, kısacası Cennet'i elde edebilmesi için tek Yaratıcı olarak kendisine inanmasını ve ibadet etmesini istemektedir. Cenâb-ı Allah, bu ebedî hayata kavuşmanın yollarını ve insanların dünya ve âhiret mutluluğunu yakalayabilmeleri için uymaları gereken kuralları, gönderdiği peygamberler ve kutsal kitaplar ile bildirmiştir. İşte peygamberler ve kutsal kitaplarla insanlara bildirilen bu ilâhî emir ve kuralların hepsine birden din denir.

Bizim dinimiz İslâm, son gönderilen din olup Peygamberimiz Hazreti Muhammed de (sallallahu aleyhi ve sellem) bu son dinin peygamberidir. Dinimiz İslâm, en kapsamlı din olmasının yanında kendinden önce gelen bütün dinleri de tamamlama özelliğine sahiptir.

İnanmak Güzeldir

İman, bir şeyi tasdik etmek ve hiçbir şüpheye kapılmadan bir şeye inanmak demektir. Dinî yönden iman ise Allah Teâlâ'nın, Peygamber Efendimiz (sallallahu aleyhi ve sellem) ile biz insanlara bildirdiği her şeyin doğru olduğuna kesin bir şekilde kalpten inanmak demektir. Dinin iki ana kaynağı olan "Kur'ân-ı Kerîm" ve kısaca "sünnet-i seniyye" diye tabir edilen Peygamberimiz'in (sallallahu aleyhi ve sellem) bize din adına öğrettiği şeylerin tamamına iman etmek Müslüman olmak için yeterlidir. İmanın makbul olması için önemli olan, dil ile söylenenleri kalp ile tasdik etmektir.

İLK MÜSLÜMAN ÇOCUK

Yüce Mevlâ, vahiy meleği Hazreti Cebrâil aracılığıyla Peygamber Efendimiz'e peygamberlik vazifesini tebliğ etmiş, O'nun hak din İslâm'a davetine ilk uyan da mübarek eşi Hazreti Hadîce olmuştu.

Aradan fazla zaman geçmemişti ki Allah Resûlü, Mekke'nin yakınında yüksek bir yerde bulunuyorken Cebrâil Aleyhisselâm bir anda yanında beliriverdi. Vahiy meleği, Peygamber Efendimiz'in yanına bu sefer insan şeklinde gelmişti. Topuğuyla yere vurur vurmaz vurduğu yerden hemen su fışkırmaya başladı. Sonra Peygamberimiz'in önünde abdest aldı. Peygamberimiz (sallallahu aleyhi ve sellem) de onun yaptıklarını tekrar etti. Daha sonra da Efendimiz Aleyhisselâm'a namazı nasıl kılacağını öğretti. Peygamberimiz de yine onun yaptıklarını tekrar etti. Hazreti Cebrâil, oradan ayrılınca Allah Resûlü de hemen evine döndü. Cebrâil Aleyhisselâm'dan öğrendiklerini tek tek Hazreti Hadîce'ye de öğretti ve birlikte abdest alıp namaz kıldılar. Böylece İslâm dininde Peygamberimiz'den sonra ilk abdest alan, ilk namaz kılan ve O'na ilk cemaat olan Hazreti Hadîce oldu.

Allah Resûlü ile Hazreti Hadîce'nin namaz kıldıklarını, Peygamberimiz'in amcasının oğlu Hazreti Ali de görmüş ve meraklı bakışlarla onları bir süre izlemişti. Henüz on yaşlarındaydı. Efendiler Efendisin'in yanına gitti ve yaptıkları hareketin ne olduğunu sordu. Peygamber Efendimiz, onu dizine oturtup ilk vahiy geldiği zaman Hira'da başından geçenleri bir bir anlattı ve sonra şefkat dolu bir sesle şöyle dedi:

– O, bir ve tek olan Allah'tır. O'nun ortağı olamaz. Varlığı O yaratmış, rızkını da O vermektedir. Öldüren de yaşatan da O'dur ve O, her şeye kadirdir.

Hazreti Ali, Efendiler Efendisi'ni hem çok seviyor hem de O'na çok güveniyordu. Ancak böylesine önemli bir konuda babası Ebû

Talib'e danışması gerektiğini düşündü. Allah Resûlü de ona,

– Ya Ali! Sana söylediğimi yaparsan yap! Yapmayacaksan bu işi gizli tut, dedi.

Hazreti Ali, o gece hiç uyuyamadı. Uzun uzun Peygamber Efendimiz'in söylediklerini düşündü. Sonra da bu konuyu babasına sormaktan vazgeçti. Sabah olur olmaz Allah Resûlü'nün yanına geldi ve,

– Dün sen bana neler anlatmıştın, diye sordu.

Allah Resûlü'nün yüzüne tatlı bir tebessüm yayılmıştı. Onu yanına oturttu ve şehadete davet etti. Böylece on yaşındaki Küçük Ali, Hazreti Hadîce'den sonra ilk defa kelime-i tevhidi söyleme şerefine erişti.

İMANIN TADI

Peygamberimiz buyurdular ki:

– Üç özellik vardır ki bunlar kimde varsa o kimse imanın tadını duyar: Allah ve Resûlü'nü, bu ikisi dışında kalan her şeyden daha çok sevmek. Bir kulu sırf Allah rızası için sevmek. Allah, imansızlıktan kurtarıp İslâm'ı nasip ettikten sonra tekrar küfre, inançsızlığa düşmekten, ateşe atılmaktan korktuğu gibi korkmak!

DİNİNİZİ ÖĞRETMEK ÜZERE GELDİ

Hazreti Ömer (radıyallahu anh) şöyle anlatmıştı:

"Bir gün biz Allah Resûlü'nün yanında iken birden elbisesi bembeyaz, sakalının kılları ile saçları kapkara, üzerinde yolculuk eseri görünmeyen, hiçbirimizin tanımadığı bir adam geliverdi. Peygamberimiz'in yanına oturdu. Diz kapaklarını O'nun diz kapaklarına dayadı. Ellerini dizlerine koydu ve,

– Ey Muhammed! Bana İslâm'dan haber verir misin, dedi.

Bunun üzerine Resûlullah,

– İslâm, Allah'tan başka ilâh olmadığına ve Muhammed Aleyhisselâm'ın Allah'ın Resûlü olduğuna şehadet etmen, namaz kılman, zekât vermen, Ramazan ayında oruç tutman, yol bakımından gücün yettiği takdirde haccetmenden ibarettir, buyurdu.

Adam,

– Doğru söyledin, dedi.

Biz buna hayret ettik. Hem soruyor hem de Peygamberimiz'i tasdik ediyordu.

Adam devam ederek,

– Bana iman nedir anlatır mısın, dedi.

Allah Resûlü de,

– İman; Allah'a, meleklerine, kitaplarına, peygamberlerine, âhiret gününe, kaza ve kaderin, hayır ile şerrin Allah'ın takdiri ile olduğuna inanmandan ibarettir, diye cevap verdi.

Adam yine,

– Doğru söyledin, dedi ve bu sefer,

– İhsan nedir, diye sordu.

Peygamberimiz,

– İhsan, Allah'ı görür gibi kendisine ibadet etmendir. Çünkü sen, O'nu görmesen de O seni görür, buyurdu.

Adam,

– Kıyamet ne zaman kopacak, deyince Allah Resûlü,

– Bu konuda kendisine sorulan kişi, sorandan daha bilgili değildir, dedi.

Adam son olarak,

– Kıyametin alâmetlerinden bana haber verir misin, deyince Resûlullah:

– Hizmetçinin efendisini doğurması; yalın ayaklılar, fakirler ve koyun çobanlarını, yaptıkları yüksek binalarla övünür ve yarış eder oldukları hâlde görmendir, buyurdu.

Sonra bu adam gitti. Biraz sonra Peygamberimiz (sallallahu aleyhi ve sellem),

– Ey Ömer, soranın kim olduğunu biliyor musun, deyince ben,

– Allah ve Resûlü en iyi bilir, dedim.

Bunun üzerine Efendimiz Aleyhisselâm,

– O, Cebrâil'dir. Dininizi öğretmek üzere size geldi, buyurdu."

İslâm dini öğretilirken bu hadis-i şerifle de öğretilen altısı imanın, beşi İslâm'ın şartı olmak üzere bu on bir temel konuya öncelik verilmiştir. Fakat esas olarak İslâm'a girmek ve Müslüman olmak, Kur'ân-ı Kerîm'in tamamına inanmakla mümkündür. Bir kimse, iman ve İslâm'ın bu on bir şartına inandığı hâlde Kur'ân'ın bir âyetini veya birkaç kelimesini inkâr edip inanmazsa bu kişi Müslüman sayılmaz.

TEVHİD

Yaratılış üzerine birtakım varsayımlar yapmaya ne dersiniz? İsterseniz işe tabiatla başlayalım. Bildiğiniz gibi toprak, su, hava, deniz ve dağ gibi çevremizdeki şuursuz varlıkların hepsine birden tabiat deniyor. Yeryüzünde gördüğümüz varlıkları tabiat yaratıyor diye varsayalım. O zaman her bir bitki için ayrı ayrı fabrikalar, makineler ve boyama atölyeleri bulunması gerekirdi.

Bir saksıya farklı çiçek tohumları eksek, her tohumdan ayrı bir çiçek çıkar. Saksı içinde ayrı ayrı makineler, ayrı ayrı kalıplar bulunmalı ki çiçekler farklı desende ve renklerde olsun. Hâlbuki tohumlar birbirine benzer maddelerden meydana gelmiştir.

Toprağın düşünme yeteneği, gücü, kuvveti ve imalat atölyeleri olmadığına göre bu çiçekler nasıl ortaya çıkmaktadır?

O hâlde bütün bu harika varlıkları bir plana göre yapan ilmi ve kudreti sonsuz bir yaratıcı vardır.

Acaba rüzgâr, yağmur, sıcaklık, ışık gibi sebepler, topraktaki maddeleri birleştirip bitki, hayvan ve insanları yaratabilir mi?

İlaç üretilen bir eczane düşünelim: Bu eczanedeki raflların bir yanında içlerinde ilaç ham maddeleri bulunan yüzlerce şişe bulunmaktadır. Bir yanında da daha küçük şişeler içinde dizilmiş ilaçlar vardır. İlaçlar bu şişelerdeki maddelerin hassas ölçülerle karıştırılmasıyla üretilir. Maddelerin birinden bir iki gram az veya fazla bir karışım ilaç değil, belki zehir olacaktır.

Şimdi biri dese: "Fırtınalı bir havada rüzgârın kapıyı, pencereyi çarpmasıyla şişeler devrildi. Dökülen maddeler bir araya geldi ve bu ilaçları meydana getirdi." Acaba bundan daha anlamsız bir şey olabilir mi?

Bitkiler, hayvanlar bir ilaçtan çok daha karmaşık ve çok daha hassas bir yapıya sahiptir. Hele insan, manevî yanı bir tarafa sadece bedeniyle bile mucizevî bir varlıktır. Bu harikulâde varlıkların, sebeplerin tesadüf eseri bir araya gelmesiyle meydana geldiğini düşünmek, eczanedeki şişelerin rüzgârla devrilip ilaçları meydana getirdiğini iddia etmekten çok daha gülünçtür. Öyleyse canlı ve cansız bütün varlıkları, hassas ölçülerle tasarlayıp planlayan ve meydana getiren bir yaratıcı vardır. O da ancak yerlerin ve göklerin sahibi Yüce Allah'tır.

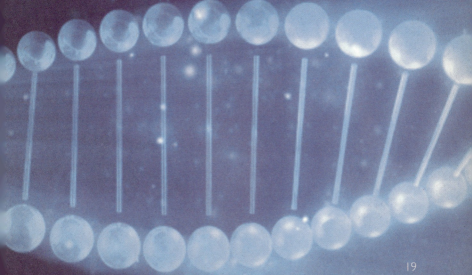

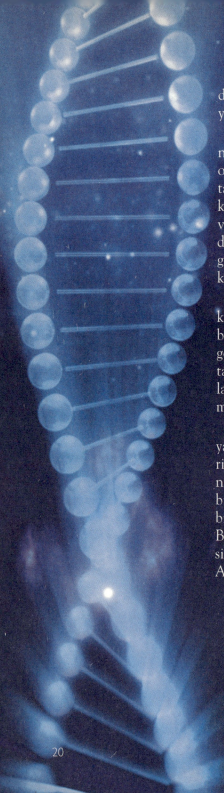

Harika bir eser tabiattaki maddelerin kendi kendilerine bir araya gelmesiyle oluşabilir mi?

Bir caminin taşlarını bir plana göre üst üste dizen ve kubbeyi oluşturan bir usta vardır. Eğer ustayı kabul etmezsek taşların kendi kendilerine üst üste dizildiklerini ve baş başa vererek kubbeyi meydana getirdiklerini kabul etmemiz gerekir. Bunu aklı olan hiç kimse kabul etmez.

İşte bunun gibi vücudumuzdaki her bir organ, hücrelerin harika bir şekilde dizilmesiyle meydana gelmiştir. Bu hücreler binadaki taşlar gibi bir araya gelip göz, kulak, dil veya el gibi organlarımızı meydana getirmektedir.

Aklı, gücü ve kuvveti olmayan hücrecikler, kendi kendilerine toplanıp bir insan vücudunu meydana getiremezler. Bu da bize gösteriyor ki vücut sarayının bir mimarı ve yaratıcısı vardır. Bütün varlıkları bir düzen içerisinde yaşatan ve işleten tek güç Allah'tır.

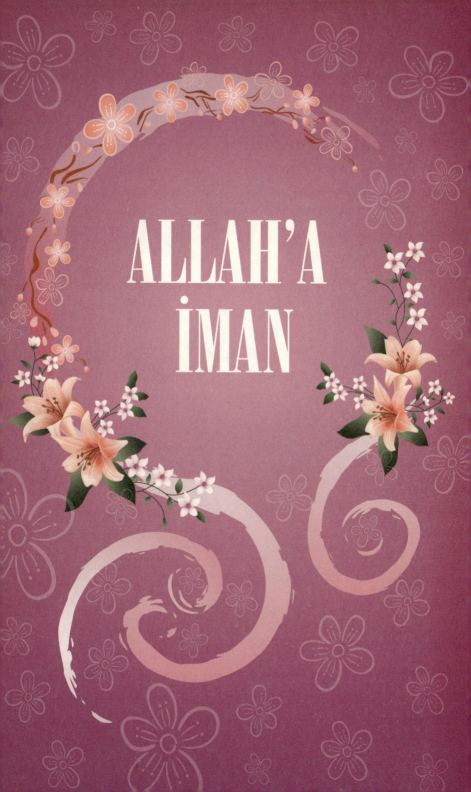

ALLAH'A İMAN

ALLAH'A İMAN MÜSLÜMAN OLMANIN İLK ŞARTIDIR

Allah'a iman, Müslüman olmanın ilk şartıdır. Allah'a tam ve kâmil bir şekilde iman etmek; O'nu tanımakla, O'nu sıfatları ile bilmekle, Kur'ân-ı Kerîm'de kendisini tanıttığı şekilde O'na inanmakla mümkündür. Allah'ı tanıyıp O'na iyi bir kul olmak için O'nun bize gönderdiği mesajları, istekleri ve Zatıyla ilgili bilgilerin yer aldığı Kur'ân-ı Kerîm'i okumamız, öğrenmemiz, onu çok önemsememiz gerekir. Allah'ı tanıyıp sevebilmemiz ve mutlu olabilmemiz O'nun bildirdiklerini önemseyerek öğrenmemize bağlıdır.

Kur'ân-ı Kerîm'de Yüce Rabb'imiz kendisini bize şöyle anlatmaktadır:

"(Ey Resûlüm) İnsanlara de ki: O, Allah'tır, gerçek ilahtır ve tektir. Allah Samed'dir. (Hiçbir şeye muhtaç değildir. Her şey O'na muhtaçtır.) O doğurmamış ve doğrulmamıştır, yaratılmamıştır. O'nun dengi, benzeri, eşi ve ortağı yoktur." (İhlâs Sûresi 1–4. âyetler)

İnsan, kendisini Allah'ın varlığını inkâr etmeye şartlandırmazsa kendi varlığına inandığından daha fazla, Allah'ın varlığını da aklı ile kavrayabilir. Üstelik bunu başarmak insan için hiç zor değil, aksine çok kolaydır. Dinî eserlerimizde Allah Teâlâ'nın varlığı ve sıfatları, en güzel şekilde anlatılmıştır. Bu bilgiler, karanlık yerlerde yol alırken elimizdeki fener gibidir. Önemli olan feneri bulup onu doğru kullanmaktır.

Her Eserin Bir Ustası Vardır

Kesinlikle biliyoruz ki var olan her şeyin bir sanatkârı, ustası vardır. Bir kurşun kalemin, bir tebeşirin veya küçücük bir iğnenin dahi bir ustası, bir sanatkârı vardır. Hiç kimse, böyle basit şeylerin bile ustasız, sanatkârsız, işçisiz, tesadüfen, kendi kendine meydana geldiğini, gelebileceğini söyleyemez. Peki, insanların ve hayvanların bedenleri, organları, çiçekler, ağaçlar; kalemden, iğneden daha mı basit? Bir kaşığın ustası, sanatkârı olur da gözümüzün, kulağımızın, kafamızın sanatkârı, sahibi, ustası olmaz mı? Elbette olur. Birer sanat harikası olan organlarımız, biz görmesek bile onları yaratan ilmi ve kudreti sonsuz bir Zat'ın varlığına işaret etmektedir.

Hiçbir Şey Tesadüf Eseri Olamaz

Hepimiz biliyoruz ki bir ilaç, farklı farklı kimyasal maddelerin çok hassas ölçüler içinde bir araya getirilmesiyle meydana gelir. "Bu kimyasal maddeler bir rastlantı sonucu, tesadüf eseri birleşerek bir kimyasal bileşik meydana getirdi ve bu faydalı ilaç ortaya çıktı." diyebilir miyiz? Kesinlikle diyemeyiz.

İlaçların her birini; yıllarca emek vererek aklını kullanarak çok ince ve hassas hesaplarla değişik kimyasal maddelerden bir araya getirip yapan bir kimyager vardır. Bu ilaçlar bir kimyageri gösterir. Bunun gibi insanların ve diğer canlıların bir ilaçtan çok daha karmaşık ve uyumlu olan vücutları, topraktaki elementlerin rastlantılar sonucu gelişigüzel bir araya gelerek meydana getirmesi mümkün değildir.

Bu misalleri akıl ve mantığımızla çoğaltarak, geliştirerek düşündüğümüzde şu sonuca varırız: Kâinat içindeki varlıklar kendi kendilerine, rastgele, tesadüfen oluşup ortaya çıkmış olamaz. Ben görmesem bile mutlaka her şeyi gören, bilen, kudreti sonsuz ve hükmü her şeye yeten biri var.

Hücrelerimiz Tesadüf Eseri Ortaya Çıkmış Olamaz

Geniş bir salonda elli tane sandalyeyi karmakarışık bir hâlde gördüğümüzde "Bunları rastgele atmışlar, her biri düştüğü yerde kalmış, karmakarışık görünüyorlar." diye düşünürüz. Fakat o sandalyeler belli bir hesap, plan ve ölçüye göre salonda dizilmiş olarak duruyorsa ortada bir güzellik, nizam, intizam görülür. O zaman, "Bunları akıllı, hesap kitap bilen, zevk sahibi biri, emek çekerek belli bir şekle sokmuş. Kimin yaptığını görmedik, ama mutlaka bunları düzenleyen biri olmuş." deriz.

Bir binanın yapısındaki taşların, tuğlaların tesadüfen bir araya gelerek kendi kendilerine o güzel nizam ve intizamı sağlayarak omuz omuza vererek düzgün bir duvar meydana getirmelerini kabul etmek mi, yoksa bir usta ve sanatkâr tarafından o taşların ve tuğlaların bir araya getirilip duvar örüldüğünü kabul etmek mi daha mantıklıdır? Bir usta tarafından duvarın örüldüğü kabul edilmediği takdirde her bir tuğlanın hem yöneten hem yönetilen hem de maharetli bir sanatkâr olduğunu kabul etmek gerekir.

Yetişkin bir insanın vücudunda yaklaşık 100 trilyon hücre vardır. Hücreler, insan vücudunu meydana getiren en küçük yapı taşlarıdır. Küçük bir tavuk kümesindeki 500 tuğla bile rastgele, kendi kendilerine o küçük yapıyı meydana getiremez. Öyleyse trilyonlarca akılsız, bilgisiz hücrenin tesadüfler sonucunda veya kafa kafaya vererek birlik ve beraberlik içinde hareket ederek insan vücudunu meydana getirmesi mümkün müdür?

Kuklaların gerisinde onları hareket ettiren, görünmeyen insan elinin varlığını düşünürüz, biliriz ve aklımızla anlarız. İnsanın; aynen kuklaları hareket ettiren, oynatan bir elin varlığını kabul ettiği gibi kâinattaki canlı-cansız her varlığı da yaratan, yöneten, sonsuz ilim ve kudret sahibi bir yaratıcının var olduğunu akıl gözüyle görüp inanması gerekir. İşte aklın yaratılış sebebi budur. Aksi takdirde insan, aklı olduğu hâlde akılsız gibi davranırsa insanlığının bir anlamı kalmaz.

KULLARINA KARŞI

Peygamberimiz'e bir kısım esirler getiril-
mişti. Aralarında bir kadın esir, bir şeyi arar
hâlde telâş içerisinde koşuyordu. Esirlerin arasın-
da bir çocuğu bulur bulmaz onu bağrına bastı ve he-
men emzirmeye başladı.

Bunun üzerine Allah Resûlü,

– Bu kadının evlâdını ateşe atmasını düşünebilir misiniz,
diye sordu.

Sahabe,

– Hayır, vallahi, atmamaya gücü yettikçe atmaz, dedi.

Peygamber Efendimiz,

– İşte, Allah Teâlâ, kullarına karşı bu kadının çocuğuna
karşı olan merhametinden daha merhametlidir, buyurdu.

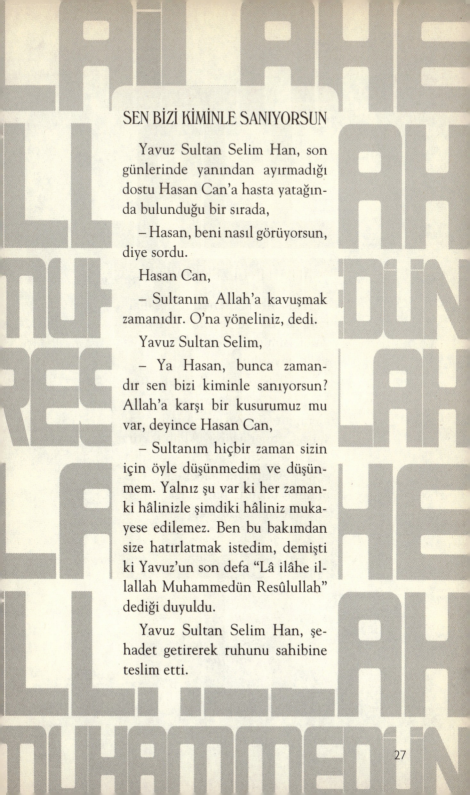

SEN BİZİ KİMİNLE SANIYORSUN

Yavuz Sultan Selim Han, son günlerinde yanından ayırmadığı dostu Hasan Can'a hasta yatağında bulunduğu bir sırada,

– Hasan, beni nasıl görüyorsun, diye sordu.

Hasan Can,

– Sultanım Allah'a kavuşmak zamanıdır. O'na yöneliniz, dedi.

Yavuz Sultan Selim,

– Ya Hasan, bunca zamandır sen bizi kiminle sanıyorsun? Allah'a karşı bir kusurumuz mu var, deyince Hasan Can,

– Sultanım hiçbir zaman sizin için öyle düşünmedim ve düşünmem. Yalnız şu var ki her zamanki hâlinizle şimdiki hâliniz mukayese edilemez. Ben bu bakımdan size hatırlatmak istedim, demişti ki Yavuz'un son defa "Lâ ilâhe illallah Muhammedün Resûlullah" dediği duyuldu.

Yavuz Sultan Selim Han, şehadet getirerek ruhunu sahibine teslim etti.

ALLAH'IN GÜZEL İSİMLERİ

Peygamber Efendimiz (sallallahu aleyhi ve sellem), Allah'ın güzel isimlerini tek tek saydı ve şöyle buyurdu:

– Allah'ın doksan dokuz ismi vardır. Kim bunları ezberlerse Cennet'e girer. Kim o isimleri sayarsa Cennet'e girer. Allah tektir, teki sever. Kim İsm-i A'zam'la dua ederse Allah ona icabet eder, kim onunla talepte bulunursa Allah ona dilediğini mutlaka verir.

SENİ KÜRSÜDEN İNDİRMEKLE MEŞGUL

İmam-ı Azam Ebû Hanife Hazretleri delikanlı yaşlarındayken Basra şehrine tüccarlık sebebiyle bir Mecusî gelmişti. Adam, "Ben ateşe Allah diye tapıyorum. Var ki tapıyorum, sizin taptığınız Allah'ı bana gösterin, bak gösteremiyorsunuz. Yok ki gösterebilesiniz, hocalarınızı getirin ispat edeyim." diye halkı tahrik ediyordu.

Halk Mecusî'ye,

– Ebû Hanife ile tartışmanda onu yenersen hocalarımızı çağırabiliriz, diye karşılık verdi.

Ebû Hanife'nin genç bir delikanlı olduğunu öğrenen Mecusî, "Benim çocukla işim yok." deyince halk ısrarcı oldu ve ertesi gün mescitte buluşmak üzere ayrıldılar.

Ertesi gün buluşma vakti geldiğinde Mecusî kürsüde, halk da mescide toplanmış Ebû Hanife'yi beklemeye başladılar. Ebû Hanife biraz gecikmişti. Mecusî bu durumu fırsat bilerek,

– Gördünüz mü? Sizin delikanlı korktu, gelemiyor. Benim çoluk çocukla işim yok. Âlimlerinizi çağırın bana, dedi.

Bu arada halk da tedirgin olmuştu.

Biraz sonra Ebû Hanife, kan ter içinde nefes nefese mescide girerek,

– Ağalar, beyler, geciktim özür dilerim. Nehrin öbür tarafındaydım. Bu tarafa geçecek bir vasıta bulamadım. Nehrin kıyısındaki ağaçlara, "Ağaçlar! Derhâl sandal gemi olun, köprü olun da karşıya geçeyim." dedim. Onlar da hemen sandal, köprü oldular, ben de bu tarafa geçtim. Bu sebeple geciktim. Kusura bakmayın, dedi.

Kürsüde oturan Mecusî bir kahkaha patlatarak,

– Gördünüz mü sizin deli çocuğun dediğini! Hiç ağaçlar, kendi kendine sandal, köprü olur mu, deyince genç delikanlı Ebû Hanife,

– Ağaçlar kendi kendine gemi, köprü olamaz da şu koskoca kâinat ustasız, kendi kendine olur mu, diye karşılık verdi.

Cemaat da büyük bir sevinçle tekbir getirdi. Mecusî, kürsüden,

– O zaman sizin Allah'ınız niçin görünmüyor? Var olan şeyler görünür, yok ki görünsün, deyince Ebû Hanife Mecusî'ye,

– Sizin aklınız var mı, diye sordu.

Adam,

– Tabii ki var, deyince Ebû Hanife,

– Gösterin bakalım, dedi.

Mecusî,

– Onu gösteremem, deyince Ebû Hanife,

– Yok mu acaba, deyip ekledi. İşte ruh ve akıl gibi şeylerin de varlığı bilinir ama kendileri gösterilemez. Demek ki her var olan şey görünmez.

Onun bu sözlerinin ardından cemaat tekrar tekbir getirdi. Mecusî biraz sinirlenmişti. Bu sefer,

– Sizin Allah'ınız şu anda ne ile meşguldür, diye sorunca Ebû Hanife,

– Sen kürsüden in, ben çıkayım oraya. Ondan sonra cevap vereyim, dedi.

Kürsüye çıktıktan sonra da:

– Şimdi Allah, senin gibi cahil birisini kürsüden indirip benim gibi bir çocuğu ibret alınması için kürsüye çıkarmakla meşguldür, dedi.

Mecusî, Ebû Hanife'nin parlak ve pratik zekâsı karşısında mağlup olmuştu. Ona teşekkür etti ve hemen oracıkta kelime-i şehadet getirerek cemaatin tekbirleri arasında Müslüman oluverdi.

BANA SENİ GEREK SENİ

Işkun aldı benden beni bana seni gerek seni
Ben yanaram düni güni bana seni gerek seni

Ne varlığa sevinürem ne yokluğa yerinürem
Işkunıla avunuram bana seni gerek seni

Işkun âşıkları öldürür ışk denizine taldurur
Tecellîyile toldurur bana seni gerek seni

Işkun şarabından içem mecnûn olup tağa düşem
Sensin dün ü gün endîşem bana seni gerek seni

Sûfîlere sohbet gerek ahîlere ahret gerek
Mecnun'lara Leylî gerek bana seni gerek seni

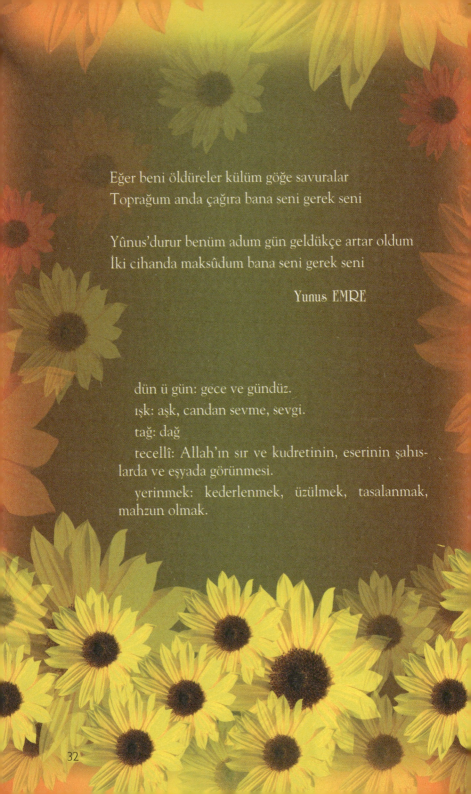

Eğer beni öldüreler külüm göğe savuralar
Toprağum anda çağıra bana seni gerek seni

Yûnus'durur benüm adum gün geldükçe artar oldum
İki cihanda maksûdum bana seni gerek seni

Yunus EMRE

dün ü gün: gece ve gündüz.

ışk: aşk, candan sevme, sevgi.

tağ: dağ

tecellî: Allah'ın sır ve kudretinin, eserinin şahıslarda ve eşyada görünmesi.

yerinmek: kederlenmek, üzülmek, tasalanmak, mahzun olmak.

HEPİNİZ TRİLYONERSİNİZ

Hepiniz trilyonersiniz. "Ben de mi?" diyorsanız "Evet! Siz de!"

Sahip olduğunuz nimetlere biraz dikkat edecek ve onlar üzerinde düşünecek olursanız, masallardaki Ali Baba'nın hazinelerinden çok daha fazlasının elinizde bulunduğunu hayretle göreceksiniz.

İki gözünüzü bir milyar dolara satar mısınız? Veya ayaklarınızı kaç milyara verirsiniz?

Ya ellerinizi, işitme duyunuzu?

Hangi hazinelere değişirsiniz gözünüzü?

Dünyanın bütün altınlarını, dolarlarını, petrollerini önünüze koysalar ve beyninizi isteseler sizden verir misiniz?

Verirsiniz değil mi?

Ne, hayır mı? Yoksa siz de mi hayır diyorsunuz? Peki, hiçbir organınızı dünya malına değişmediğinize göre, nasıl zengin olmadığınızı düşünebilirsiniz?

Ne yazık ki pek çok kimse, parayla ölçülemeyecek kadar zengin olduğunun farkında değil. Bu nimetlerin kıymetini bilip nimetleri verene gerektiği gibi şükredebiliyor muyuz?

İnsan, hep elinde olmayanları düşünür, sahip olduklarını ise çok seyrek düşünür.

Şükretmek için bu kadar nimet az mı? Şükretmemiz gerekirken neden hep sızlanırız.

Rabb'imiz bunu iyi bilir ve biz kullarına "Ne kadar az şükrediyorsunuz?" diye hatırlatmada bulunur.

Öyleyse dünyanın bütün hazinelerinden daha kıymetli olan bu organlarımız için en güzel şekilde Rabb'imize şükretmeye çalışalım. Tabii her nimetin şükrü de kendi cinsinden olur. Bu nimetlerin şükrü ise onları; iyi, doğru, helâl yolda, Allah için kullanarak yapılır.

ALÇAK GÖNÜLLÜLÜK

ÇUVAL TAŞIYAN HALİFE

Halife Hazreti Ömer, bazen tebdil-i kıyafetle bazen de gündelik hâliyle Medine'yi köşe bucak dolaşıyor, halkın rahatını temin için geceleri bekçilik yapıyor, muhtaçların ve ihtiyaç sahiplerinin yardımına bizzat kendisi koşuyordu.

Yine çok çalıştığı bir gün geç vakitte, yorgun bir hâlde yardımcısı Eslem'le evine dönüyordu. Eslem,

– Bu gece hava çok soğuk değil mi efendim, dedi.

Hazreti Ömer,

– Evet, gerçekten oldukça soğuk, diye cevap verdi.

Tam o sırada uzakta bir yerde yanan ateşi fark edince sordu:

– Eslem, şu karşıdaki ateşi sen de görüyor musun?

– Evet, gördüm efendim.

– Kim yaktı acaba?

– Bilmiyorum efendim, diye cevap verdi Eslem.

Hazreti Ömer sözüne devam etti:

– Gecenin soğuğunda üşüyen birileri olmalı. Yolculuk yapanlar olabilir. Belki de gece olduğu için yollarına devam edememişler, üşüdükleri için ateş yakmışlardır. Yardıma ihtiyaçları olabilir.

– Evet olabilir.

– Haydi, oraya gidelim, dedi Hazreti Ömer.

Sonra da birlikte o tarafa doğru yürümeye başladılar. Gidecekleri yer bir hayli uzaktaydı. Ama orada yardıma muhtaç birileri olabilirdi. Bir yandan konuşuyorlar, bir yandan da ateşin yandığı yere doğru ilerliyorlardı. Vakit ilerlemiş, sokaklar sessizliğe bürünmüştü. İnsanlar çoktan evlerine girmişler, artık yatmaya hazırlanıyorlardı. Hazreti Ömer ve Eslem ise gecenin bu vaktinde soğukta yürüyorlardı. Üşümelerine rağmen gözlerinde bir sevinç vardı. Çünkü yardıma muhtaç insanlara yardım edebileceklerini düşünüyorlardı.

Ateşin yandığı yere bir hayli yaklaşmışlardı. Karşılaştıkları manzara hiç de düşündükleri gibi değildi. Akıllarına asla gelmeyen bir şeyle karşılaşmışlardı. Uzaktan gördükleri ateşin çevresinde yaşlı bir kadın ve ağlayan çocuklar vardı. Ateşin üzerinde bir tencerede su kaynıyordu. Çocuklar tencerenin başında bekliyor, sık sık tencerenin kapağını açıp içine bakıyorlardı.

Kadın ve çocuklar yanlarına gelen bu kimseleri tanımıyorlardı. Onların gelmesiyle hem şaşırmış hem de biraz korkmuşlardı. Hazreti Ömer kadına seslenerek,

– Gelebilir miyiz, diye sordu.

– Sıkıntımıza çözüm bulacaksanız gelin, diye cevap verdi kadın.

Kadın, gelen kimsenin Müslümanların halifesi Hazreti Ömer olduğunu anlamamıştı. Hazreti Ömer'i hiç tanımadığı için anlaması da mümkün değildi. Zira sıradan biri gibi giyinen Hazreti Ömer'in davranışları da diğer insanlardan hiç farklı değildi.

Hazreti Ömer merakla sordu:

– Nedir bu hâliniz?

Yaşlı kadın cevap verdi:

– Bir evimiz olmadığı için bu soğukta dışarıda kaldık, yaktığım ateşle çocukları ısıtmaya çalışıyorum.

Aralarındaki konuşma devam etti:

– Çocuklar neden ağlıyorlar?

– Açlıktan ağlıyorlar. Karınlarını doyuramadım.

– Peki, tencerede kaynayan ne? Yemek değil mi?

Kadın tencerenin kapağını açarak içindekileri onlara gösterdi. Sonra da ne yaptığını anlatmaya başladı:

– Hiç yiyeceğimiz olmadığı için tenceredeki suyun içerisine taş koydum. Kepçeyle suyu karıştırıp duruyorum. Bununla çocukları bir süre daha oyalamak istiyorum. Biraz daha oyalarsam belki uykuları gelir de uyurlar diye bekliyorum. Çok aç oldukları için onları başka türlü avutamıyorum.

Kadın bunları söyledikten sonra sözlerine şöyle devam etti:

– Allah bunun hesabını Halife Ömer'den mutlaka sorar!

Hazreti Ömer birden şaşırdı ve,

– Ömer bu durumu nereden bilebilir ki, deyiverdi.

Yaşlı kadın dokunaklı bir sesle Hazreti Ömer'e cevap verdi:

– Madem bilmeyecekti de neden halife olup bizleri yönetmeye kalktı?

Halife Ömer bunu duyunca birden irkildi. Hemen yardımcısı Eslem'e eliyle işaret etti. Kadının ve çocukların yanından hızlıca ayrıldılar. Kadın bu duruma bir hayli şaşırmıştı. İki yabancı insan gece vakti yanına gelmiş, kendisini dinlemiş ve sonra da bir şey söylemeden yanından ayrılıp gitmişti.

Hazreti Ömer'le Eslem, kadının yanından ayrıldıktan sonra şehrin yiyecek deposuna doğru yürümeye başladılar. Hazreti Ömer, yaşlı kadından duyduğu sözlerin etkisi altındaydı. Sokakları hızlı hızlı geçiyor, Eslem ona yetişmekte zorluk çekiyordu. Sonunda yiyecek deposuna vardılar. Bir çuvala kadının ve çocuklarının ihtiyaç duyabilecekleri yiyeceklerden doldurdular.

Eslem, Hazreti Ömer'in aklından geçenleri anlamıştı. Bu yüzden çuvalı taşımak istedi. Hazreti Ömer ise,

– Hayır Eslem. Bunu ben taşımalıyım, diyerek onu engelledi.

– Nasıl olur efendim, ben sizin yardımcınızım, bu çuvalı size taşıtamam, dedi ve ısrarlarını sürdürdü.

Hazreti Ömer ise kararlı bir sesle,

– Çabuk yükle sırtıma çuvalı, dedi.

Eslem,

– Aman efendim, bunu nasıl yaparım? Lütfen bırakın ben taşıyayım, deyince Hazreti Ömer,

– Bu insanların sorumluluğu benim üzerimde. Onların dertlerini benim çözmem gerekir, diyerek çuvalı kendi sırtına yükledi.

Koca Halife; gece vakti, soğuk bir havada, o kadar uzun bir yolu sırtında çuval taşıyarak gitti ve sonunda kadının ve çocukların yanına vardılar. Gördükleri manzara değişmemişti. Çocuklar aç oldukları için hâlâ uyumamışlar, kadının yüzündeki ifade de biraz daha dokunaklı bir hâl almıştı. Bu hâliyle tenceredeki suyu kepçeyle karıştırmaya devam ediyor, bir yandan da,

– Allah, bunun hesabını Ömer'den sorar, diyordu.

Hazreti Ömer ve Eslem'in yanlarına geri dönmesi, yaşlı kadın ve çocukları daha da şaşırtmıştı. Şaşkınlıkları yüzlerinden belli oluyordu. Gece vakti gelip giden bu yabancı adamlar da kimdi?

Hazreti Ömer, Eslem'in yardımıyla sırtında taşıdığı yiyecek dolu çuvalı bir kenara bıraktı. Tencerenin altında yanan ateş yavaş yavaş sönmeye başlamıştı. Hazreti Ömer, kadından izin isteyerek hemen ateşin başına geçti ve ateşi üflemeye başladı. Eslem de topladığı odunları ateşin üzerine koydu. Hazreti Ömer ateşi iyice yanıncaya kadar üflemeye devam etti. Sonra getirdiği çuvalın ağzını açtı. Yemek yapmak için oradan bazı şeyler çıkararak tencereye koydu ve üzerine biraz su ekledi. Bir yandan kepçeyle yemeği karıştırıyor, bir yandan da daha iyi yanması ve yemeği bir an önce pişirmesi için ateşi üflüyordu. Kuvvetli bir şekilde yanan ateş, çok zaman geçmeden yemeği pişirmişti.

Hazreti Ömer, yine Eslem'in yardımıyla yemeği ateşin üzerinden indirdi. Çocukların, yemeğin soğumasını bile bekleyemeyeceğini biliyordu. Hemen tabaklara biraz yemek koydu. Hâlâ çekingen davranan çocukları, ellerinden tutarak yemeğin yanına oturttu. Kadına da yemekten yemesini söyledi. Çocuklar çok acıkmıştı. Yemekleri tükendikçe Hazreti Ömer, kendi elleriyle onların boşalan tabaklarını dolduruyordu.

Biraz sonra çocuklar, karınlarını doyurmuşlar ve birbirleriyle oynamaya başlamışlardı. Kadın da çocukların bu durumuna çok sevinmişti. Kendi kendine, "Bu insanlar gelmeseydi ben bu çocukları nasıl doyururdum? Bu insanlara ne kadar teşekkür etsem haklarını ödeyemem." diye düşünüyordu.

Kadın tanımadığı Hazreti Ömer'e dönerek,

– Ömer'in yerine başımıza sen halife olmalıydın, dedi.

– Niçin, diye sordu Hazreti Ömer.

Yaşlı kadın,

– Çünkü o halkının hâlini bilmiyor, muhtaçlara yardım etmiyor. Ama sen bizi hiç tanımadığın hâlde bize yardım ettin, dedi.

Bunun üzerine Hazreti Ömer,

– Yarın Halife Ömer'e gidin, durumunuzu anlatın. Belki size maaş bağlar, bu çocuklar da açlıktan kurtulur, yaşıtları gibi mutluluktan gülerler, dedi.

Bu arada karınlarını doyuran çocuklar, ateşin kenarında uykuya dalmışlardı. Hazreti Ömer ve Eslem, kadının dua ve teşekkürleri arasında oradan ayrılıp mutlu bir şekilde evlerine gittiler.

Bu yabancı adamların söylediği kadının aklına yatmıştı. Sabah Halife Ömer'e gitmeye karar verdi. Ertesi gün de hiç vakit kaybetmeden daha önce hiç görmediği halifenin yanına gitti. Yolda giderken halifenin isteklerini kabul edip etmeyeceğini düşünüyordu. Bu endişeler arasında orada bulunan insanlara halifenin odasını sordu. Sonra da kapıyı çalıp içeri girdi. Bir de ne görsün! Halife, gece sırtında çuval taşıyıp yemek pişiren adamdan başkası değildi.

EVDEKİ HÂLİ NASILDI

Allah Resûlü'nün vefatından sonra Hazreti Âişe'ye sordular:

– Allah'ın elçisinin evdeki hâli nasıldı?

Hazreti Âişe (radıyallahu anha) şöyle cevap verdi:

– O, kendi işini kendi görmekten hoşlanırdı. Arkadaşları, bütün işini yapmaya hazır olmalarına rağmen O bunu istemezdi. Evdeyken elbiselerini yamar, evi süpürür, keçileri sağar, develeri bağlar ve yemlerini verirdi. Ayrıca ayakkabılarını ve delik su kırbalarını tamir eder, hizmetçilere de yardım ederek onlarla birlikte hamur yoğururdu. Çarşıdan yiyeceğini kendi taşır, birisi "Ey Allah'ın Elçisi! İzin ver ben taşıyayım." dediğinde "Her mü'min taşıyabiliyorsa kendi yükünü kendi taşısın." derdi.

SUSKUNLAR MECLİSİ

Doğu toplumlarında, özellikle Müslümanlar arasında saygının ayrı bir yeri vardır. Hele büyük insanlara, âlim kişilere gösterilen saygının derecesi bambaşkadır. Saygısızlık ise bu toplumlarda, en uzak durulması gereken şeydir. Gerçekten saygı paylaşıldıkça çoğalan bir kaynaktır. Kimse birine saygı gösterdiğinden dolayı rahatsız olmaz.

Büyüklerin birbirine karşı gösterdiği saygıyı Mevlâna Câmî'nin başından geçen bir hâdise çok güzel anlatır:

Mevlâna Câmî (1414–1492) yılları arasında yaşamış olan ünlü İslâm âlim ve şairlerinden biridir. Onun yaşadığı dönemde tanınmış âlimler, şairler, yazarlar ve bilginler "Suskunlar Meclisi" adını verdikleri bir kurul oluşturmuşlardı.

Bu meclis, üyelerini çok düşünen, az konuşan ve az yazan insanlar arasından seçiyordu. Meclisin üye sayısı ise otuz kişiyle sınırlı tutulmuştu.

O dönemde yaşayan âlim, şair ve yazarlarının içinde bu meclise üye olma arzusu vardı. İşte Molla Câmî de (Mevlâna Câmî) bunlardan biriydi. O, gerçekten çalışmaları, ahlâkı, nezaketi ile örnek bir insandı. Ancak Suskunlar Meclisi'nin üye sayısının sınırlı olması onun, seçkin insanların yer aldığı bu kurulda bulunmasına imkân vermiyordu.

Bir gün Suskunlar Meclisi'nin üyelerinden birinin öldüğünü duymuştu. Bunun üzerine üyeleri toplantı hâlindeyken toplantı yapılan binaya geldi. Binanın önünde bir kapıcı bekliyordu. Ona hiçbir şey demeden isteğini bir kâğıda yazıp içeriye gönderdi.

Meclis üyeleri Mevlânâ Câmî'yi çok yakından tanıyorlardı, fakat vefat eden üyelerinin yerine birkaç gün önce başka bir değerli insanı almışlardı. Ama Mevlânâ Câmî gibi birini de kapıdan çevirmek, seni üye yapamıyoruz, demek oldukça zordu.

Kendi aralarında epeyce düşündüler. Ardından da bir bardağı ağzına kadar su ile doldurup kapıcıyla Mevlânâ Câmî'ye gönderdiler. Bununla meclisin üye sayısının tam olduğunu, yeni bir kişiye yer olmadığını anlatmak istiyorlardı.

Kendisine, ağzına kadar su ile dolu bir bardak gönderilen Mevlânâ Câmî, meclis üyelerinin ne demek istediğini anlamıştı. O da hemen yanındaki gülden bir yaprak koparıp yavaşça bardağın üstüne koydu. Hâliyle gül yaprağı bardağı taşırmamıştı. Verdiği bu cevapla kendisi için de Suskunlar Meclisi'nde bir yerin bulunduğunu anlatmak istiyordu.

Meclis üyeleri de ağzına kadar su dolu olan bardağın üzerine bir gül yaprağı konarak kendilerine geri gönderildiğini görünce durumu hemen anladılar. Böyle bir insana çok nazik bir şekilde de olsa daha önce, "Meclisimizde yer yok!" anlamında bir cevap verdiklerinden dolayı çok üzüldüler. Otuzla sınırlı olan üye sayılarını da aşarak Mevlânâ Câmî'yi meclislerine üye yapmaya karar verdiler.

Mevlânâ Câmî meclise gelince başkan onun adını da listeye yazdı. Üye sayısını belirten otuz sayısının önüne bir sıfır yazarak Mevlânâ Câmî'ye verdi. Başkan bununla Mevlânâ Câmî'nin katılmasıyla meclisin değerinin on kat arttığını anlatmaya çalışıyordu.

Listeyi eline alan Mevlânâ Câmî, kendisinin gelmesiyle meclisin değerinin on kat artmış olduğu düşüncesine katılamadığını göstermek için otuz sayısına eklenen sıfırı silip otuzun soluna yazdı. Verdiği bu cevapla meclisin üye sayısını artırmadığı gibi, kendi değerinin, bu meclisin yanında solda sıfır olduğunu anlatmak istiyordu.

Son verdiği cevapla, gösterdiği saygı ve alçak gönüllülük ile Mevlânâ Câmî, Suskunlar Meclisi'nin en değerli üyelerinden biri olduğunu ortaya koyuyordu.

MELEKLERE İMAN

ALLAH MELEKLERİ NURDAN YARATMIŞTIR

Dinimizin bize bildirdiğine göre Allah Teâlâ melekleri nurdan yaratmıştır. Onlar, yemez, içmez, evlenmez, doğmaz, doğurmazlar. Erkeklik ve dişilik durumları, yani cinsiyetleri yoktur. Melekler için, uyuma, yorulma, hastalanma gibi hâller söz konusu değildir. Değişik şekillere girebilirler. Yüce Allah'ın emirlerine asla isyan etmezler. Görevlerini emredildikleri şekilde aynen yaparlar.

Kur'ân-ı Kerîm'de ve hadis-i şeriflerde meleklerle ilgili geniş bilgi verilmiştir. Bir âyet-i kerimede onların sayılarını ancak Cenâb-ı Hakk'ın bildiği beyan edilmiştir. Melekler, gözle görülmezler. Onlara, görmeden iman etmemiz istenmiştir. Bu, bizim için Cenâb-ı Allah'a inancımızın ve güvenimizin imtihanıdır. Nitekim bize hayat bahşedilmiş olması da bu imtihan sırrı sebebiyledir.

Yüce Rabb'imiz, Kur'ân-ı Kerîm'de, "Hanginizin daha güzel iş ortaya koyacağını denemek için ölümü ve hayatı yaratan O'dur. O üstün kudret sahibidir, affı ve mağfireti boldur." (Mülk Sûresi, 2. âyet) buyurmuştur. Mü'minler, meleklerin varlığına iman etmekle mesuldürler. Onların varlığı, bütün peygamberler ve onlara verilen kitaplar tarafından bildirilmiştir. Bu durumda meleklerin varlığını inkâr etmek, bütün peygamberleri ve kitapları inkâr etmek sayılacağından onları inkâr asla caiz olmaz. İyi bir mü'min, Kur'ân'da haber verilen her şeye iman ederek bu imtihanı kazanır. İnanmanın bize getireceği hiçbir külfet, zorluk yoktur.

Meleklere iman etmekle birlikte cin ve şeytanın varlığına iman etmemiz de şarttır. Çünkü Kur'ân-ı Kerîm'de Cenâb-ı Hakk cinleri ve şeytanı da zikretmektedir.

Allah Teâlâ Melekleri Niçin Yaratmıştır?

Meleklerin yaratılışındaki hikmeti tamamıyla ancak Yüce Allah bilir. Biz şunu söyleyebiliriz: Yüce Allah, kudret ve hikmetine son olmayan bir Yaratıcıdır. Kendi varlığını bilsinler ve kendine ibadet etsinler diye insanları ve cinleri yarattığı gibi melekleri de yaratmıştır. Bunlara da birtakım görevler yüklemiştir.

Allah Teâlâ her şeyi sebeplere bağlı olarak yaratmaktadır. Mesela yağmuru yaratan Allah'tır. Fakat yağmurun yağmasına bulutları sebep yapıyor ve görünüşte yağmuru bulut yağdırıyormuş gibi oluyor. Bütün meyveleri, sebzeleri, bitkileri Allah yaratıyor. Toprağı ise bunların yaratılmasına sebep yapmış. İşte nasıl ki toprak, bizimle bitkiler arasında Cenâb-ı Hakk'ın yaratmasına bir sebep, perde oluyorsa; aynı şekilde melekler de Cenâb-ı Allah ile toprak arasında bir perdedir. Yüce Mevlâ'nın icraatlarına birer sebep olarak yaratılmışlardır. Melekler, Cenâb-ı Hakk'ın ortağı ve yardımcısı değillerdir. O'nun, meleklere asla ihtiyacı yoktur. Sadece hikmeti ve iradesi melekleri yaratmayı uygun görmüştür.

Kâinatta meydana gelen en basit olaydan en büyük olaya kadar her olay ve her şeyle ilgili görevli melekler bulunmaktadır. Allah Teâlâ'nın; yağmurun yağdırılması, rüzgârların esmesi, havanın soğuk ya da sıcak olması, peygamberlere vahiylerin bildirilmesi gibi vazifelerle ile ilgili yaratmış olduğu melekler vardır. Görevleri sadece Cenâb-ı Allah'a ibadet etmek olan melekler de vardır. İnsanları, hayvanları başlarına gelecek kötülüklerden Allah'ın bileceği şekilde koruyan melekler vardır. Bunların yanında sayısını ve görevlerini yalnızca Cenâb-ı Allah'ın bildiği yüzlerce, binlerce, belki de milyonlarca farklı işlerle ilgili melekler vardır.

Melekleri Niçin Göremiyoruz?

Kur'ân-ı Kerîm'de mü'minlerin sıfatları anlatılırken şöyle buyrulmaktadır: "...Onlar gayba (dinin haber verdiği, var olup da görünmeyen âlemlere, varlıklara) inanırlar." (Bakara Sûresi, 3. âyet)

Yukarıdaki âyet mealinden de anlaşıldığı gibi dinimizin haber verdiği fakat görünmeyen varlıklara iman etmek, inanmak çok önemli görülmüştür. Çünkü gayba iman etmek, Allah'a iman etmenin de önemli bir göstergesidir. Nitekim insan bu konuda imtihan vermektedir. Nasıl namaz kılmak, oruç tutmak, dürüst olmak gibi ibadet ve davranışlar, bu imtihanının bir parçası ise meleklere ve diğer görünmeyen varlıklara iman etmek de bu imtihanın diğer bir parçasıdır.

Bizim görme yeteneğimiz, melekleri görebilecek şekilde yaratılmamıştır. Ancak Cenâb-ı Hakk; peygamberlerine, melekleri görme yeteneği verdiğinden onlardan bazıları melekleri hakikî şekilleri ile görebilmişlerdir. Melekleri göremememiz ve duyu organlarımızla hissedemeyişimiz, onların var olmadığını göstermez. Duyu organlarımızın, dünyada dahi hissedemediği pek çok şey vardır. Kulağımız, işitme sınırının altındaki ve üstündeki sesleri işitmez. Bugün varlığı âletlerle tespit edilen ışık dalgalarını, röntgen ve ültraviyole ışınlarını gözümüzle göremiyoruz. Demek ki bir şeyi gözle görememek, o şeyin yok olduğuna delil olamaz.

Melekler ve Görevleri

Cebrâil (Cibril) Aleyhisselâm: Yüce Allah'ın kitaplarını peygamberlere getirip tebliğ etmekle görevlidir. Vahiy meleğidir.

Mikâil Aleyhisselâm: Yeryüzündeki rüzgâr, yağmur ve benzeri tabiat olaylarının meydana gelmesi için görevlendirilmiştir.

Azrâil Aleyhisselâm: İnsanların ölme (ecel) vakitleri gelince ruhlarını almakla görevlidir.

İsrâfil Aleyhisselâm: Kıyametin kopması ve öldükten sonra bütün insanların tekrar dirilmesi için Sûr'a üflemekle görevlidir.

Sorgu melekleri: Ölen kimseye kabirde soru sormakla görevlidirler.

Hafaza melekleri: Bunlardan her insanın yanında iki melek bulunur. Bu meleklerden biri insanın yapmış olduğu güzel işleri, diğeri insanın yapmış olduğu kötü işleri yazar. Bunlara Kirâmen Kâtibîn de denir. Bu şekilde insanın amel defterini meydana getirirler.

İyi-kötü, küçük-büyük yapmış olduğumuz her işin melekler tarafından yazılıp kaydedildiği hem Kur'ân-ı Kerîm'de hem de hadis-i şeriflerde bildirilmiştir.

BİN MELEKLE YARDIM

Hazreti Ömer (radıyallahu anh) şöyle anlatmıştı:

"Bedir gününde Allah'ın Resûlü müşriklere baktı. Onlar bin kişiydi, bizler üç yüz on dokuz kişiden ibarettik.

Bunun üzerine Peygamber Aleyhisselâm, kıbleye döndü ve ellerini kaldırıp şöyle dua etmeye başladı:

– Ey Allah'ım, bana olan vaadini yerine getir! Ey Allah'ım, bana vaad ettiğini ver! Ey Allah'ım, Müslüman halkından bu küçük topluluk helâk olursa yeryüzünde sana ibadet edecek kimse kalmaz!

Allah'ın Resûlü ellerini uzatmış, kıbleye dönmüş olarak Rabb'ine yalvarmaya devam ediyordu. Cübbesi omuzlarından düşmüştü. Ebû Bekir geldi, cübbesini omuzlarına kaldırdıktan sonra, arkasından tutup Resûlullah'ı kendi göğsüne dayadı ve,

– Ey Allah'ın Peygamberi, yeter Rabbine yalvardın. O sana olan vaadini yerine getirecektir, dedi.

Bu sırada Yüce Allah, Peygamberimiz'e indirdiği âyette şöyle buyurdu:

– Hani, siz Rabb'inizden yardım istiyordunuz da O da "Muhakkak ki Ben, size meleklerden birbiri ardınca bin melekle yardım edeceğim!" diyerek duanızı kabul etmişti. (Enfal Sûresi, 9. âyet)

Bunun üzerine Peygamber Efendimiz, sadık dostuna şöyle dedi:

– Müjde! Ey Ebû Bekir! Allah'ın yardımı geldi! İşte şu Cebrâil! Nak yokuşunda, atının gemini tutmuş, silâhı ve zırhı üzerinde! Hücuma hazır!

Sonra da meleklerin yardıma geldiklerini, Müslüman savaşçılara da müjdeledi. Müşriklerle yapılan bu savaşta Müslümanlar, parlak bir zafer kazandılar ve din düşmanlarını darmadağın ettiler.

BAŞIMI GÖĞE KALDIRINCA

Sahabeden Üseyd bin Hudayr (radıyallahu anh) şöyle anlatmıştı:

"Bir gece, hurma harmanında iken Kur'ân'dan Bakara Sûresi'ni okuyordum. Hemen yakında da atım bağlı idi. Birden bire at şahlandı. Bunun üzerine susarak okumayı bıraktım. At da sakinleşti. Tekrar okumaya başlayınca at yine şahlandı. Susunca at da sakinleşti. Az sonra yine okumaya başlayınca at da şahlanmaya başladı. Oğlum Yahya, ata yakındı. Çocuğa bir zarar gelmesin diye onu atın uzağına götürmek için çocuğun yanına gitmiştim. Bir ara başımı göğe kaldırınca bir de ne göreyim! Aman Yarabbi! Gökte şemsiye gibi bir şey ve içerisinde kandilimsi ışık saçan nesneler var.

Sabah olunca koşup gördüklerimi Allah Resûlü'ne anlattım. Resûlullah bana,

– O gördüklerin neydi bilir misin, diye sordu.

Benim "Hayır!" cevabım üzerine şöyle buyurdu:

– Onlar meleklerdi. Senin sesine gelmişlerdi. Sen, okumaya devam etseydin onlar seni sabaha kadar bıkmadan, usanmadan dinleyeceklerdi. Öyle ki sabahleyin herkes, onları seyredebilecekti çünkü halktan gizlenmeyeceklerdi.

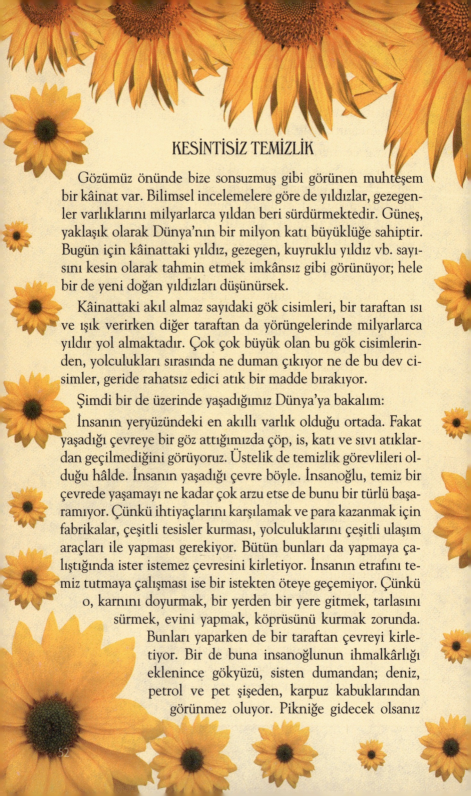

KESİNTİSİZ TEMİZLİK

Gözümüz önünde bize sonsuzmuş gibi görünen muhteşem bir kâinat var. Bilimsel incelemelere göre de yıldızlar, gezegenler varlıklarını milyarlarca yıldan beri sürdürmektedir. Güneş, yaklaşık olarak Dünya'nın bir milyon katı büyüklüğe sahiptir. Bugün için kâinattaki yıldız, gezegen, kuyruklu yıldız vb. sayısını kesin olarak tahmin etmek imkânsız gibi görünüyor; hele bir de yeni doğan yıldızları düşünürsek.

Kâinattaki akıl almaz sayıdaki gök cisimleri, bir taraftan ısı ve ışık verirken diğer taraftan da yörüngelerinde milyarlarca yıldır yol almaktadır. Çok çok büyük olan bu gök cisimlerinden, yolculukları sırasında ne duman çıkıyor ne de bu dev cisimler, geride rahatsız edici atık bir madde bırakıyor.

Şimdi bir de üzerinde yaşadığımız Dünya'ya bakalım:

İnsanın yeryüzündeki en akıllı varlık olduğu ortada. Fakat yaşadığı çevreye bir göz attığımızda çöp, is, katı ve sıvı atıklardan geçilmediğini görüyoruz. Üstelik de temizlik görevlileri olduğu hâlde. İnsanın yaşadığı çevre böyle. İnsanoğlu, temiz bir çevrede yaşamayı ne kadar çok arzu etse de bunu bir türlü başaramıyor. Çünkü ihtiyaçlarını karşılamak ve para kazanmak için fabrikalar, çeşitli tesisler kurması, yolculuklarını çeşitli ulaşım araçları ile yapması gerekiyor. Bütün bunları da yapmaya çalıştığında ister istemez çevresini kirletiyor. İnsanın etrafını temiz tutmaya çalışması ise bir istekten öteye geçemiyor. Çünkü o, karnını doyurmak, bir yerden bir yere gitmek, tarlasını sürmek, evini yapmak, köprüsünü kurmak zorunda. Bunları yaparken de bir taraftan çevreyi kirletiyor. Bir de buna insanoğlunun ihmalkârlığı eklenince gökyüzü, sisten dumandan; deniz, petrol ve pet şişeden, karpuz kabuklarından görünmez oluyor. Pikniğe gidecek olsanız kendinizin ya da başkalarının bıraktığı çöplerden oturacak yer bulamıyorsunuz. Hatta bir piknik için onlarca kilometre uzağa gitmek zorunda kalıyorsunuz.

Bir de insanoğlunun girmediği, elinin değmediği ormanlara gidelim. Her yıl binlerce ağaç yıkılıp çürüdüğü, milyonlarca hatta milyarlarca küçüklü büyüklü canlı öldüğü hâlde, gözünüzü rahatsız edecek kalıcı bir kirlilik meydana gelmiyor. Çünkü dökülen yapraklar, yıkılan ağaçlar bakteriler tarafından çürütülerek toprağa karışıyor. Bunlar yeni yetişecek bitkiler için bir besin kaynağı oluyor. Aynı şekilde ölen hayvanlar, kurtçuklar bakteriler tarafından parçalanıyor ve toprağa karışıyor. Böylece geriye gözümüzü rahatsız edecek, midemizi bulandıracak en ufak bir çirkinlik kalmıyor.

Zaman zaman aklınıza "Fare, domuz, sırtlan, akbaba, leş kargaları gibi canlılar acaba niçin yaratıldı? Bunların ne gibi görevleri var?" şeklinde sorular gelebilir. Ancak kâinatta hiçbir canlı boş yere yaratılmamıştır. Onların çirkinmiş gibi görünen şekillerinin ardında nice güzellikler vardır. Bu tür hayvanlar, ölen canlıların artıklarını yiyerek çevrenin temiz kalmasını sağlar. Böylece bulaşıcı hastalıkların yayılması engellenir, çevre çirkin görüntülerden korunmuş olur.

Bu temizlik işlemi sadece ormanlarda veya yeryüzünde olmuyor. Gökyüzünde, atmosferde, soluduğumuz havada; denizlerin, okyanusların sularında ve diplerinde kesintisiz bir temizlenme işi sürmektedir.

İşte bütün bunlar, bize kâinatta mükemmel bir temizleme siteminin olduğunu anlatmaktadır. İnsan, dikkatli bir gözle baksa kâinatın atık bırakmayan harika bir fabrika gibi işlediğini görecektir. Bu da bize Allah'ın, Kuddüs isminin kâinatta en parlak şekilde tecelli ettiğini göstermektedir.

CUMA GÜNLERİ

Nebiler Nebisi buyurdular ki:

– Cuma günleri bana çokça salâvat getirin. Zira o, meleklerin hazır bulundukları gündür.

İYİLİK VE KÖTÜLÜK

Peygamber Efendimiz buyurdular ki:

– Şeytan da melek de insanoğluna sokularak onun kalbine birtakım şeyler atarlar. Şeytanın işi; kötülüğe çağırmak, sonu fena ve zararlı olan şeylere teşvik etmek, hakkı yalanlamak ve haktan uzaklaştırmaktır. Meleğin işi ise hak ve hayra, iyiliğe çağırmak ve kötülükten uzaklaştırmaktır. Kim içinde hakka, hayra, iyiliğe çağıran bir ses duyarsa bilsin ki bu, Allah'tandır. Hemen Allah Teâlâ'ya hamd etsin. Kim de içinde kötülük ve inkâra çağıran bir fısıltı duyarsa ondan uzaklaşsın ve hemen şeytandan Allah'a sığınsın.

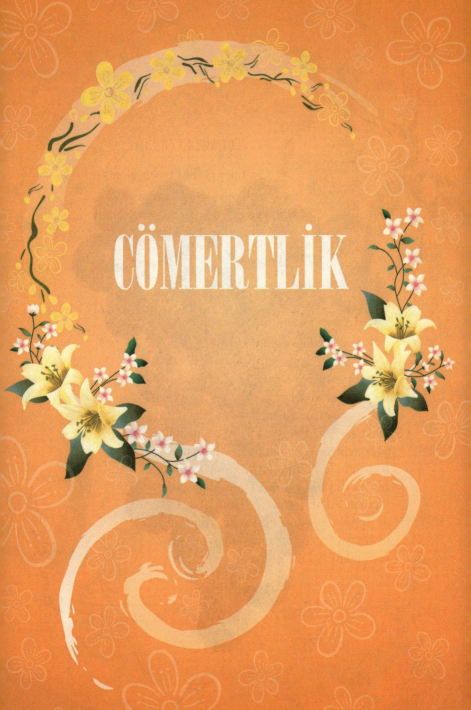

CÖMERTLİK

SİYAH ÜZÜM SALKIMI

İstanbul'un Topkapı semtinde, Takkeci İbrahim Çavuş Camisi namıyla bilinen ve Mimar Sinan tarafından inşa edilen bir cami vardır. İşte bu, o caminin hikâyesidir.

Osmanlı'nın hüküm sürdüğü bir dönemde, İstanbul'da Topkapı surlarının dibinde küçük bir kulübecik içinde, fakir bir takkeci yaşarmış. Fakirmiş fakir olmasına da gönlü zenginmiş takkecinin. Bir yandan takkelerini tamir edip dikerken bir yandan da "Allah'ım bana bir mal verse de şuracığa bir cami yaptırsam!" diye kendi kendine söylenir durrurmuş. Bunu duyanlar da,

– Bre İbrahim Çavuş, neyle yaptıracaksın camiyi? Senin kendine hayrın yok, diye İbrahim Efendi'yi bu rüyasından uyandırmaya çalışırlarmış.

Fakat Takkeci İbrahim Çavuş hiçbir zaman ümidini kaybetmez, devamlı dua edermiş:

– Umulur ki derya tutuşa, dermiş.

Cami yaptırma sevdası yüreğinde kor gibi yanarmış. Bazen arkadaşları Takkeci İbrahim'e, biraz alaycı biraz da iğneleyici bir tavırla,

– İbrahim amca, cami ne zaman bitecek? Bak insanlar namaz kılacak bir yer bulamıyorlar, diye takılırlarmış.

İbrahim Çavuş onların bu alaylarına hiç aldırmaz, bir yandan işini yaparken bir yandan da tevekkülle,

– Umulur ki derya tutuşa, der; Allah'a dua etmeye devam edermiş.

Gel zaman, git zaman bir gün Takkeci İbrahim Çavuş bir rüya görmüş. Rüyasında ak sakallı bir ihtiyar, Bağdat'a gitmesini söylemiş. Orada bir han olduğunu, o hanın avlusunda bir üzüm asması bulacağını bildirmiş. O asmanın yeşil salkımları arasında da siyah bir üzüm salkımı olduğunu ve o üzümü yemesini söylemiş. Heyecanla uyanmış Takkeci İbrahim Çavuş, "Hayırdır inşallah!" demiş. Fakat rüyaya bir mana verememiş. Ertesi gün sabah namazından önce aynı rüyayı, açık seçik bir

şekilde yine görmüş. "Hayır-
dır inşallah!" demiş. Acaba gitsem mi, diye
düşünmüş, ama tam karar verememiş. Üçüncü
defa da aynı rüyayı görünce Takkeci İbrahim Çavuş,
"Herhâlde bize yol göründü." demiş ve kimseye bir şey
söylemeden, heybesine azığını koymuş ve yollara düş-
müş. Bağdat'a giden kervanlardan birine katılmış.

Kâh aç kâh susuz kalmış yollarda. Yol kesen eşkıya-
dan canını zor kurtarmış kimi zaman. Çıktığı yoldan
geri dönmeyi düşünmemiş. Bir ay mı desem, iki ay mı
desem, bir yol katetmiş.

Takkeci İbrahim Çavuş sonunda Bağdat'ı bulmuş. Sora
sora rüyasında tarif edilen hana varmış. Bir de ne görsün:
Gerçekten hanın avlusunda bir asma, onca yeşil üzümün ara-
sında bir salkım siyah üzüm… Rüyasının gerçek çıkması kar-
şısında hayrette kalmış. Rüyasında söylendiği gibi, siyah üzü-
mü asmadan koparmak için besmele ile elini uzatmış. Tam o
sırada hancı, İbrahim Çavuş'un bileğinden tutmuş,

– Selâmünaleyküm yabancı, demiş.

– Aleykümselâm, diye cevap vermiş İbrahim Çavuş.

– Bre yabancı! Sahibinden habersiz daldaki üzüm ko-
parılır mı, diye çıkışmış.

Bunun üzerine İbrahim Çavuş, başını öne eğmiş,
üzerindeki suçluluk duygusunu atmaya çalışarak
rüyasını oracıkta hancıya anlatmış. Hancı bu-
nun üzerine gülerek üzümden yemesine müsa-
ade etmiş ve demiş ki:

– İlâhi be şaşkın adam, bir rüya için ta İstanbul'dan buralara kadar gelinir mi? Hem de bir üzüm yemek için? Eğer rüyayla iş yapılsaydı, ilk önce benim yollara düşmem lâzımdı...

– Sen neden yollara düşecekmişsin, diye sormuş İbrahim Çavuş, şaşkın ve meraklı gözlerle.

Hancı kendinden emin bir tavır takınıp konuşmaya başlamış:

– Altı ay kadar önceydi... Bir gece rüyamda, ak sakallı bir ihtiyar, İstanbul'a gitmemi, Topkapı denen semti bulmamı söyledi. Orada yaşayan bir takkeci varmış. İsmi hâlâ aklımda, İbrahim! O adamın kulübesinin ocağının altında iki küp hazine saklıymış. Sabahleyin kalktım, rüyamı hanıma anlattım. Hanım, "Efendi, bu rüya sadık rüyaya benziyor, git bir hele İstanbul'a." dedi. Ben de hanıma: "Bir rüya uğruna, İstanbul'a gidecek değilim?" dedim. Nasıl, iyi demiş miyim?

İbrahim Çavuş'un kalbi küt küt atmaya başlamış heyecandan. Kısa süren şaşkınlığının ardından kısık sesle,

– İyi demişsin! İyi demişsin, demiş.

Hancı, "Şu dünyada ne garip insanlar var." diyerek gülüp İbrahim Çavuş'un yanından uzaklaşmış. İbrahim Çavuş, hayretten ağzı açık, hancının ardından bakakalmış. Rüyasının hikmetini anlamış. Allah'a dualarını kabul ettiği için şükretmiş. İstanbul'a döner dönmez ocağın altındaki altınları bulmuş. Takkeci İbrahim Çavuş adıyla bilinen camiyi yaptırmış altınların bir kısmıyla. Bir kısmını fakirlere dağıtmış. Bir kısmını da devlet hazinesi için padişaha göndermiş, gönlü tok İbrahim Çavuş.

DEVEYLE VER

Hazreti Ali akşama kadar çalışmış, akşam da devesinin üzerine bir çuval hurma yükleyerek evinin yolunu tutmuştu.

Devenin yuları, yardımcısı Kamber'in elindeydi, kendisi de önden gidiyordu. Medine'nin içine girdiklerinde yolun kenarından bir ses geldi. Yoksulun biri elini açmış sızlanıyordu:

– Ne olur Allah rızası için, diyordu.

Hazreti Ali Kamber'e sordu:

– Kamber ne istiyor bu yoksul?

– Hurma istiyor Efendim!

– Ver öyleyse!

– Hurma çuvalda Efendim!

– Çuvalla ver öyle ise!

– Çuval da devenin üzerinde!

– Deveyle ver öyle ise!

Emri yerine getiren Kamber bu olayı anlatırken dedi ki:

– Devenin ipi de benim elimde, demekten korktum. O kadar cömertti ki beni de deveyle birlikte yoksula hizmetçi vermekte tereddüt etmeyebilirdi.

ALLAH'IN ÖZEL HİMAYESİ

İbn-i Abbas şöyle anlatmıştı:

"Yanıma bir fakir geldi ve benden bir şeyler istedi. Ben de,

– Allah'tan başka ilah olmadığına ve Muhammed'in O'nun kulu ve Resûlü olduğuna şehadet eder misin, dedim.

Adam,

– Evet, dedi.

– Ramazan orucunu tutar mısın, dedim.

– Evet, tutarım, dedi.

– Sen, benden bir şeyler istedin. İsteyene vermek de bizim görevimizdir, dedim ve ona bir elbise verdim. Sonra da Allah Resûlü'nden duyduğum şu hadisi naklettim: "Kim bir Müslüman'ı giydirirse, verdiği elbise insanın üzerinde durduğu sürece Allah onu özel himayesiyle muhafaza eder."

AMELLER NİYETLERE GÖREDİR

İstanbul, medeniyetlere başkentlik etmiş ve camiler, mescitler, saraylar, göz alıcı tarihî eserlerle dolu bir şehirdir. Bu şehir, hayır ve saltanat sahibi insanların katkıları ile maddî ve manevî gelişimini her dönemde sürdürmüştür. Osmanlı sultanları da İstanbul'un imarı için ellerinden geleni yapmışlardır.

Kanunî Sultan Süleyman da büyüklerinin daha önce yaptırdıkları camiler gibi bir camii inşa ettirmek istiyordu. Kendisi bugün Süleymaniye olarak bilinen camiyi yaptırmaya karar verdi ve mimar olarak da Mimar Sinan'ı görevlendirdi. Çok geçmeden camiin temeli atıldı.

Kanunî; cami yapılırken mimarları, ustaları, işçileri çalışmaları sırasında kimseden en küçük bir yardım almamaları konusunda uyardı. Çünkü böyle büyük bir eserin bütün masrafını kendisi karşılamayı düşünüyordu.

Nihayet camiin duvarları yükselmeye başladı. Yükselen bu duvarlar, camiin karşısında küçük bir kulübede oturan ve dünya adına bütün sermayesi bir inek olan yaşlı bir teyzenin yüreğini burkuyordu. Bu teyze içinden, "Hey gidi koca sultan, senin servetin çok! Allah rızası için büyük bir eser yaptırmak senin için çok kolay. Ama benim gibi bütün sermayesi bir tek inek olan bir ihtiyar böyle bir camiyi nasıl yaptırsın? Keşke benim de senin gibi servetim ve saltanatım olsaydı da ben de böyle hayratlar yaptırsaydım." diye geçiriyordu.

Bir gün yaşlı teyze kendi kendine, "Benim servetim yok ama inşaata çalışan ustalara, işçilere de birer tas ayran götürmeme bir engel yok." dedi. Ardından da kısa zamanda güzel bir ayran hazırladı. Hazırladığı ayranı bir kaba koyarak caminin inşaatında çalışmaktan ve sıcaktan bunalmış işçilerin yanına götürüp onlara,

– Yorulmuşsunuzdur, sizlere birer tas soğuk ayran vereyim, dedi.

Bunu duyan ustabaşı,

– Teyze, gücenme ama senin ayranını kabul edemeyiz! Çünkü sultan, inşaat sırasında yardım almamamız için sıkı sıkı tembihledi ve bizi bu konuda uyardı, dedi.

Bu sözleri duyan yaşlı teyze,

– Evlâdım, birer tas ayrandan ne olacak! Şu ayranı içiverin, dedi.

Ustabaşı da,

– Koca camiin yanında bir tas ayranın sözü mü olur? Sultan bize bu yüzden öfkelenmez. Hem de teyzemizin gönlünü hoşnut etmiş oluruz, dedi.

Ardından da "Bismillâh!" deyip ayranlarını içtiler. Yaşlı teyze de mutlu bir şekilde evinin yolunu tuttu. Ertesi gün erkenden sultan sinirli bir şekilde inşaat alanına geldi ve ustabaşına,

– Buyruğumu ne çabuk unuttunuz! Size inşaatı yaparken başkasından en küçük bir yardım dahi almayın dememiş miydim? Şimdi bana olan biteni anlatın bakalım, dedi.

Ustabaşı da yaşlı teyzenin kendilerine birer tas ayran ikram ettiğini, onun bu ikramını geri çevirmek istemediklerini söyledi. Bunun üzerine Kanunî,

– Demek gördüğüm rüyanın sebebi buymuş! Rüyamda, terazinin bir kefesine Süleymaniye Camii, diğer kefesine de bir 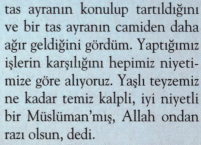 tas ayranın konulup tartıldığını ve bir tas ayranın camiden daha ağır geldiğini gördüm. Yaptığımız işlerin karşılığını hepimiz niyetimize göre alıyoruz. Yaşlı teyzemiz ne kadar temiz kalpli, iyi niyetli bir Müslüman'mış, Allah ondan razı olsun, dedi.

DAHA CÖMERT

Cömertliği dillere destan olan Hâtem-i Tâî, bir gün arkadaşları ile oturmuş sohbet ediyordu. Arkadaşlarından birisi,

— Ey Hâtem! Acaba dünyada senden daha cömert bir kimse var mıdır, diye sordu.

Bunun üzerine Hâtem,

— Evet, dünyada benden daha cömert insanlar da var, dedi ve anlatmaya başladı:

—Bir gün, bir gencin evinde misafir olmuştum. Bana ikram etmek için hemen bir koyun kesiverdi. Yemekler piştikten sonra sofra kuruldu ve beraber yemeye başladık. Sohbet ederken, "Koyunun böbreklerini yemeyi çok severim." dedim. Biraz sonra ev sahibi genç, odadan bana bir şey söylemeden ayrılıp gitti. Bir süre sonra, elinde pişirilmiş yedi tane koyun böbreği ile geldi. O gencin bütün mal varlığı zaten o yedi koyundu. Benim için bütün malını feda etmişti. Kendisine "Neden böyle yaptın?" diye sorduğumda da bana "Sen benim misafirimsin. Senin sevdiğin şeyi ikram etmeyeyim mi?" dedi.

Gencin bu cömertliği ve misafirperverliği karşısında duygulandım, gözlerim yaşardı. Oradan ayrılıp evime geldikten sonra o gence üç yüz tane deve ve beş yüz tane koyun gönderdim ama bunlar benim mallarımın küçük bir kısmıydı. Ancak o genç, malının tamamını misafirine feda ettiği için benden daha cömerttir.

KİTAPLARA
İMAN

İLÂHÎ KİTAPLAR ALLAH'IN KİTAPLARIDIR

Yüce Allah, insanlara yine insanlardan peygamberler göndermiştir. Bu peygamberlerden bir kısmına da Kendi emirlerini ve yasaklarını, Kendisine ibadet şekillerini öğreten kitaplar indirmiştir. Bu kitaplar, Hazreti Cebrâil Aleyhisselâm aracılığı ile peygamberlere gönderilmiştir. Allah Teâlâ'nın Cebrâil Aleyhisselâm ile peygamberlerine kitaplarını, yani dinini göndermesine vahiy denir. Bu kitaplara da Allah'ın kitapları manasında İlâhî Kitaplar denir. Ayrıca bunlara Semavî Kitaplar, Mukaddes Kitaplar adı da verilir. İlâhî kitaplar, sahifeler ve kitaplar olmak üzere iki grupta değerlendirilir. Efendimiz Aleyhisselâm; Hazreti Âdem'e on, Hazreti Şit'e elli, Hazreti İdris'e otuz, Hazreti İbrahim'e on sahife verildiğini bildirmiştir. Sahifelere göre daha hacimli ve kitap şeklinde olan, evrensel mesajlar ihtiva eden ve özel bir isimle zikredilen kitaplar ise Tevrat, Zebur, İncil ve Kur'ân olmak üzere dört tanedir:

1. *Tevrat:* Hazreti Musa Aleyhisselâm ile İsrailoğullarına gönderilmiştir. Tevrat'ın aslı değiştirilmiştir. Tevrat'ın aslının, insanlar tarafından bir kısım ilaveler ve çıkarmalar yapılarak değiştirildiği Kur'ân-ı Kerîm'de bildirilmektedir.

2. *Zebur:* Hazreti Davut Aleyhisselâm'a gönderilmiştir. Bu ilâhî kitabın ismini de Kur'ân-ı Kerîm'den öğreniyoruz: "Şu kesindir ki Biz Zikir'den (Tevrat'tan) sonra Zebur'da da 'Dünyaya salih kullarım varis olacaklar. Dünya onlara kalacak.' diye yazmışızdır." (Enbiya Sûresi, 105. âyet)

Bu kitabın da aslı, zamanımıza ulaşamamıştır.

3. İncil: Hazreti İsa Aleyhisselâm'a gönderilmiştir. İncil'in de insanlar tarafından ilaveler ve çıkarmalar yapılarak aslının değiştirildiği Kur'ân-ı Kerîm'de haber verilmektedir.

4. Kur'ân-ı Kerîm: Cenâb-ı Hakk'ın, Peygamber Efendimiz Hazreti Muhammed Aleyhisselâm ile insanlara gönderdiği son ilâhî kitaptır.

Yüce Allah, "Kur'ân'ı Biz indirdik ve onu kıyamete kadar Biz koruyacağız." (Hicr Sûresi, 9. âyet) buyurarak Kur'ân-ı Kerîm'in bir kelimesinin bile değiştirilmesinin mümkün olmadığını bildirmektedir. Kur'ân-ı Kerîm, indirildiğinde yüzlerce hafız tarafından ezberlenmiş ve yazılı kayda geçirilmiştir. Yazılan ilk Kur'ân-ı Kerîm'lerden biri de Topkapı Sarayı'nda bulunmaktadır. Kur'ân-ı Kerîm, bir anda değil de yaklaşık 23 yılda tedricî olarak indirilip tamamlanmıştır. Kur'ân-ı Kerîm'de 114 sûre vardır. Sûreler, Kur'ân-ı Kerîm'in ana bölümleridir. Sûreler de âyetlerden meydana gelir.

Peygamber Efendimiz bir hadis-i şerifte "Sizin en hayırlınız Kur'ân'ı öğrenen ve onu başkalarına öğretendir." buyurmaktadır. İnsanların en hayırlılarından olmak istiyorsak Kur'ân'ı anlayıp anlatmaya çalışmalıyız. Emir ve yasakları konusunda duyarlı olmalıyız.

Bizler, Müslüman bir insan olarak Kur'ân-ı Kerîm'i, bu eşsiz ilahî mesajı, öğrenmek için çalışmalıyız. Onu anlamalı ve anlatmalıyız. Dünya ve âhirette mutlu olmanın yolu, Kur'ân-ı Kerîm'i kendimize rehber etmekten geçer.

İLK VAHİY

Kâinatın Efendisi 610 yılının Ramazan ayında Hira mağarasına çekilmiş ve tefekküre dalmıştı. Ramazan'ın on yedinci gecesi, gece yarısından sonra kendisini adıyla çağıran bir ses işitti. Başını kaldırıp etrafa baktığında her tarafı birdenbire bir nurun kapladığını gördü. Sonra Cebrâil Aleyhisselâm karşısına geldi ve,

– Oku, dedi.

Efendimiz,

– Ben, okuma bilmem, dedi.

O zaman melek, Efendiler Efendisi'ni kucaklayıp kuvvetlice sıktı ve bıraktı.

Sonra tekrar,

– Oku, dedi.

Peygamber Efendimiz yine,

– Ben okuma bilmem, dedi.

Melek O'nu yeniden kucakladı, kuvvetle sıkıp bıraktı ve tekrar,

– Oku, dedi.

Bunun üzerine Peygamber Efendimiz,

– Ne okuyayım, diye sordu.

Cebrâil Aleyhisselâm da Alâk Sûresi'nin ilk beş âyetini okudu: "Oku! Yaratan Rabb'inin adıyla oku! O, insanı anne rahmine tutunmuş bir hücreden yarattı. Oku! Rabb'in sonsuz kerem sahibidir. Kalemle yazmayı öğretendir. İnsana bilmediklerini öğretendir."

Sonra Peygamber Efendimiz'in yanından ayrılıp gitti. Vahiy meleğinin Rabb'inden getirdiği âyetler, Peygamber Efendimiz'in kalbine satır satır yazılmıştı. Yaşadıkları karşısında ürperen Efendimiz, heyecanla Hira'dan çıkıp Nur Dağı'ndan aşağıya doğru inmeye başladı. Dağın ortasına geldiği sırada, gökten tekrar bir ses işitti. Cebrâil Aleyhisselâm,

– Ya Muhammed! Sen, Allah'ın Resûlü'sün! Ben de Cebrâil'im, diyordu.

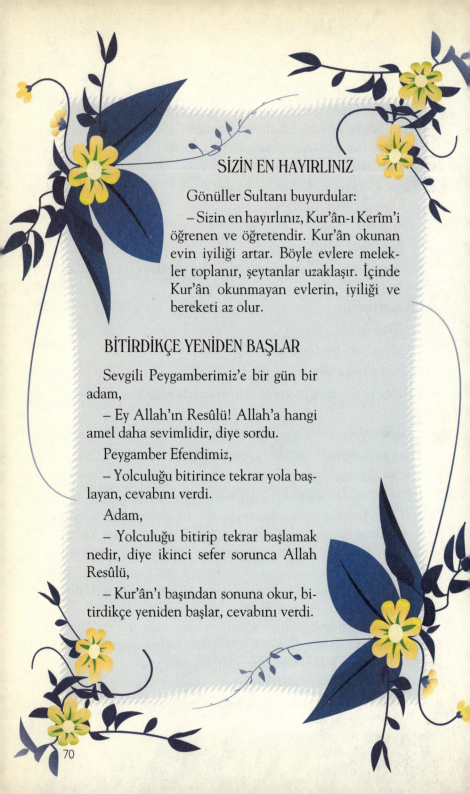

SİZİN EN HAYIRLINIZ

Gönüller Sultanı buyurdular:

– Sizin en hayırlınız, Kur'ân-ı Kerîm'i öğrenen ve öğretendir. Kur'ân okunan evin iyiliği artar. Böyle evlere melekler toplanır, şeytanlar uzaklaşır. İçinde Kur'ân okunmayan evlerin, iyiliği ve bereketi az olur.

BİTİRDİKÇE YENİDEN BAŞLAR

Sevgili Peygamberimiz'e bir gün bir adam,

– Ey Allah'ın Resûlü! Allah'a hangi amel daha sevimlidir, diye sordu.

Peygamber Efendimiz,

– Yolculuğu bitirince tekrar yola başlayan, cevabını verdi.

Adam,

– Yolculuğu bitirip tekrar başlamak nedir, diye ikinci sefer sorunca Allah Resûlü,

– Kur'ân'ı başından sonuna okur, bitirdikçe yeniden başlar, cevabını verdi.

ARADAKİ FARK

Bir gün Halife Me'mun, sohbet meclisinde bir Yahudi ilim adamına şöyle bir soru sordu:

– Madem olayları bu kadar akılcı bir anlayışla inceleyebiliyorsun da neden Müslüman olmuyorsun? Kur'ân'la, İncil ve Tevrat arasındaki farkı bilmiyor musun?

Yahudi şöyle cevap verdi:

– Bu konuda çalışma yapıyorum. Çalışmam bitince vardığım kararı size bildiririm.

Me'mun Yahudi'ye baskı yapmayı düşünmedi. Çünkü biliyordu ki baskıyla imana gelinmez, korkuyla Müslüman olunmazdı. Yahudi'yi kendi hâline bırakan Me'mun, ona bir daha bu konuda soru sormadı.

Aradan bir sene geçmiş ve Yahudi yine Me'mun'un meclisindeki ilim adamlarıyla sohbete başlamıştı. Ancak bu Yahudi, bir sene önceki Yahudi değildi. Bu defa İslâm'ı bütünüyle benimsemiş, Kur'ân'ın hükümlerini tamamıyla kabullenmişti. Halife Me'mun buna şaştı:

– Hayırdır inşallah. Bir sene önceki Kur'ân'la bir sene sonraki Kur'ân arasında ne fark var ki o zaman iman etmediniz de bu sene İslâm'a girdiniz, diye sordu.

Adam şöyle izah etti:

– Efendim, şüphesiz bir sene önceki Kur'ân'la bir sene sonraki Kur'ân arasında hiçbir fark yoktur. Beni İslâm'a yaklaştırıp iman etmeme vesile olan da budur zaten.

– Nedir, Kur'ân'ın değişmezliği mi?

– Evet. Bakın çalışmalarım nasıl cereyan etti ve ben nasıl bir sonuçla Müslüman oldum, onu arz edeyim sizlere, dedi ve şöyle devam etti:

– Önce evime çekildim. Günlerce İncil yazmaya koyuldum. Üç tane İncil nüshası yazdım. Birincide birkaç satırı eksik bıraktım. Ötekinde hiçbir eksik yoktu. Üçüncüsünde ise birkaç satır fazlaydı. Kendimden yapmıştım ilaveyi. Ben bu üç İncil'i de alıp kiliseye gittim. Papaza gösterdim. Papaz efendi üçünü de inceledi, tahkik etti. Sonunda satın aldı ve yaptığım hizmetten dolayı da beni tebrik etti. Dönüp geldim, aynı şekilde üç Tevrat nüshası yazdım. Bunun da birincisinde bazı âyetleri yazmadım, eksik kaleme aldım. İkincisi noksansızdı. Üçüncüsünde de kendim birkaç satır ilave ederek olmayanları da var gösterdim. Bunu da hahama gösterdim. Haham inceledi, üçünü de beğendi, parasını vererek satın aldı, teşekkür etti.

Bu defa sıra Kur'ân'daydı. Kur'ân büyüktü. Tamamını yazamazdım. Sadece üç cüz yazabildim. Birinci cüzünde birkaç satırını eksik bıraktım. İkinci cüzü tamam yazdım. Üçüncü cüzünü de birkaç satır ilave ile olmayanı var göstererek yazdım.

Büyük bir araştırmayla bütün din adamlarını gezdim. Hepsine de yazdığım Kur'ân cüzlerini gösterdim, almalarını söyledim. Hepsi de önceden memnuniyetle alacaklarını söylediler. Ama şöyle bir bakıp inceleyince hepsi de aynı yerleri yakaladılar ve şöyle dediler:

– Bu cüzde şu şu satırlar eksik, bu cüz ise tamam. Şu cüzde ise şu şu satırlar ilave edilmiş, fazla yazılmış. Kur'ân'ın aslında böyle bir kelime yoktur.

Hepsi de benim yazdığım cüzleri ezberlerinden eksiksiz okudular, tashih ettiler. Ben anladım ki Kur'ân nasıl nazil olmuşsa aynen korunmuş, aynı tazelik ve sağlamlığını da muhafaza etmektedir. Kur'ân'da ilave ya da noksan söz konusu değildir. Nazil olduğu şekli aynen koruyan en son kitaptır. Bundan sonra Müslüman oldum. İşte İslâm'a girmeme vesile olan araştırmam böyle oldu.

NEŞELİ ÇALIŞKAN ARI

Bir gün daha bitmiş ve akşam olmuştu. Hava serinlemiş ve gün, yeryüzünü karanlık perdesiyle örtmüştü. Kovanın girişinde birkaç arkadaşla birlikte nöbet tutuyorduk. Ağustos böceklerinin cırıltıları gecenin sessizliğine neşeli bir armoni katıyordu. Dışarıdan yasemin çiçeğinin kokusu geliyordu. Gecenin bir vaktinde çiçeklerin koku salgılaması ne kadar da ilginçti! Ama onları ziyaret için vakit uygun değildi. Ancak, sabah nöbetini bir arkadaşa devrettiğimde yanlarına gidebilirdim.

Kovanda bulunan arıların çoğu benim gibi işçi arıydı. Bizler; yavru arı larvalarını besleme, bal özü denilen nektar ve çiçek tozu denilen polen toplama, petek yapma, kovanı havalandırma ve su getirme işlerinden sorumlu arılardık. Kovanımızdaki kraliçe arı, bütün arıların başıydı ve bir günde 1500'den fazla yumurta yapardı. Bir de kraliçe arıya yardımcı olan erkek arılar vardı.

Kovanda o sırada yumurtadan yeni çıkmış yavru arılar da bulunuyordu. Yavru arıların beslenmeleri, günbegün büyüyüp gelişmeleri, bana kendi küçüklüğümüzü hatırlattı. Yumurta hâlinden larvaya, oradan ergin bir arıya dönüşmek ne müthiş bir şeydi! Şöyle durup düşündüm de hepimiz bu gelişim basamaklarını yapımıza yerleştirilen bir programla gerçekleştiriyorduk.

Hele yeterince büyüyüp geliştikten sonra o ilk uçuş heyecanını hatırlıyorum da... O ana kadar hiç uçmadığım için çok korkmuştum... Diğer arkadaşlarıma bakarak bırakıvermiştim kendimi kovandan dışarı. Kanatlarım havayla karşılaşınca usta pilotlar gibi uçmaya başlamıştım. O ilk uçuşum boyunca, "Böyle uçmayı ben nereden öğrendim?" sorusuna cevap aradım durdum...

Yaratıcımız'ın bize verdiği görme sistemiyle ultraviyole ışınlarını çok iyi görebiliyor ve böylece çiçekleri tanıyabiliyorduk. Diğer arkadaşlarım çiçeklerin üzerine konmuş ve onlardan bir şeyler alıyorlardı. Sarı renkli bir çiçeğe yaklaştım. Diğer arılar gibi ben de hortumumu uzatarak bir miktar bal özünü içime çektim. Bu arada ayağıma ve sırtıma polenler yapıştı. Onları ağzım ve kollarımla toplayıp arka ayaklarımda biriktirdim. Oradan ayrılıp pembe bir çiçeğe kondum. Ondan da bir miktar bal özü ve polen aldım. Bizler bal özü alırken çiçekler hiçbir zorluk çıkarmıyordu. Etrafıma baktığımda kovandan bir hayli uzaklaştığımı fark ettim. Hemen kovana doğru uçmaya başladım. Güneşin konumundan, yerkürenin manyetik alanından faydalanarak elimle koymuş gibi tekrar kovanımı buldum. Bu, bana çok ilginç geldi. Demek ki içime mükemmel bir yön bulma yeteneği de yerleştirilmişti!

Kovana gelip bacaklarımdaki polenleri boşalttığım sırada bazı arkadaşlarımın kovana su getirdiğini gördüm. Bunlar, peteklere su damlatarak kovanı ıslatıyor ve peteklerin nemli kalmasını sağlıyorlardı. Bazı arı kardeşlerim ise kanatlarını çırparak kovanı havalandırıyordu.

Bir tarafta da yeni petekler hazırlamakla meşgul işçi arı kardeşlerim vardı. Yedikleri baldan bir miktar bal mumu üretip bunlardan bal mumu pulcukları yapıyorlardı. Yaratıcımız'ın bahşettiği bir yetenekle, bu pulcukları üst üste dizerek altıgen şekildeki bal petekleri inşa edeceklerdi. Ne muhteşem bir mimarlıktı bu iş! Her işçi arı sanki usta bir mimardı!

Tam petek yapan arıları izlerken kovana yeni giren arılar dikkatimi çekti. Bunlar, peteklerin yanına gelerek dans etmeye başladılar. Dairesel şekildeki bu dansla yaklaşık 100 metre uzakta bulunan çiçek ve polenleri haber veriyordu. İşçi arı kardeşlerimin bir kısmı besin kaynağına doğru hemen yola çıktı. Bol miktarda bal özü ve polen toplayarak kısa sürede geri döndüler. Ama gelenler sadece kovandan besin toplamaya giden arı kardeşlerim değildi. Onları arkalarından takip eden bazı yabancı arılar bedava bal ve polen için kovana saldırdı.

Kovan kapısında yer alan nöbetçi arılar, alarm dansı yaparak diğer işçi arıları harekete geçirdi. Hep beraber yabancı arılara saldırdık. Testere dişli, ucu kanca şeklindeki iğnelerimizle yabancı arıları korkuttuk ve kaçırdık. Biz arılar, ancak tehlike anında iğnemizi kullanır ve kovandaki kraliçe arıyı, larvaları ve balı koruruz. Savaşırken arı kardeşlerimizin bazılarının iğneleri kırılmıştı. Kopan iğneyle birlikte iç organlarından bazılarını da kaybettikleri için birkaç saate kadar hepsi ölecekti. Ölen arıları kokuşup mikrop üretmemeleri için kovandan uzaklaştıracaktık. İşte ilk uçuş günüme ait aklımda kalan hatıralar bunlar.

Aslında bizim her günümüz çok yoğun geçer. Çünkü kısacık ömrümüzde yapacak çok işimiz vardır. Biz arılar büyük bir dayanışma içinde çalışırız. 1 kg bal üretebilmek için yaklaşık 10 milyon çiçekten nektar toplarız. Topladığımız nektarların bir kısmını kendimiz kullanır bir kısmını da ağzımızda yoğurup bala çevirir ve bunları peteklere doldururuz. Peteklerin üzerlerini bal mumu ile kaplayıp insanlara sunarız. Hazırladığımız ballar nefis bir tada sahiptir. Düzenli olarak yenildiğinde güç ve kuvvet verdiği gibi hastalanmayı da önler. Gerçek bir şifa kaynağıdır.

Bizim, bal üretmek için yaptığımız bütün işlemler aslında kendi irademizle yapacağımız şeyler değildir. Bilim adamlarını hayran bırakan uçma tekniğini, çiçeklerden nektar toplamayı, kimyagerleri hayran bırakan bal yapmayı; mühendisleri şaşırtan petek inşa etmeyi biz nereden bilebiliriz ki? En küçük şeyi görebilen, gücü her şeye yeten, sonsuz ilim sahibi Rabb'imizin bize ilhamlarıyla bunları gerçekleştiriyoruz. Bizimle ilgili olarak Cenâb-ı Allah, Kur'ân-ı Kerîm'de şöyle buyurmaktadır:

"Rabbin bal arısına şöyle vahyetti: "Dağlardan, ağaçlardan ve insanların kurdukları çardaklardan kendine göz göz ev (kovan) edin. Sonra da her türlü meyveden ye de Rabb'inin sana yayılman için belirlediği yolları tut! Onların karınlarından, renkleri çeşit çeşit bir şerbet çıkar ki onda insanlara şifa vardır. Elbette düşünen kimseler için bunda alacak ibret vardır." (Nahl Sûresi, 68-69. âyetler)

TEVEKKÜL

MEHMET REŞAD HAN VE GÜVERCİNLER

Osmanlı Devleti'nin başında, ilerlemiş yaşına rağmen görev kendisine verildiği için duran ve halkının bir nevi babası olan Mehmet Reşad Han vardı. Çevresindekilere iyilik yapmaktan çok hoşlanır, özellikle çocukları devamlı ödüllendirirdi. Devlet işlerinden arta kalan zamanlarda zamanının bir kısmını onlarla geçirmekten çok hoşlanır, ezberledikleri marşları dinler ve tebriklerini sunardı. Dolmabahçe Sarayı'nda zaman zaman Kur'ân-ı Kerîm okuma programları düzenlenir, saraydaki çocuklar öğrendiklerini padişaha arz ederlerdi.

Mehmet Reşad Han, ülke içindeki çocukların eğitimlerini en iyi şekilde almalarını arzu ederdi. Bu maksatla örnek bir okul kurmayı amaçlamıştı. Bu okul, Osmanlı topraklarındaki bütün okullara misal teşkil edecekti. Bu maksatla Haliç kıyısında, Eyüp Camisi'nin arka kısmında büyük bir okul yaptırmaya başladı.

Okuldaki bütün öğrencilerin özel kıyafetleri vardı. Öğrencilerin bütün masrafları, okulu yaptıran Mehmet Reşad Han tarafından karşılanıyordu. Okulun o dönemdeki adı da "Reşadiye Numune Mektebi" idi.

Mehmet Reşad Han, çocukları o kadar çok seviyordu ki, "Bir gün öldüğümde beni bir okula çok yakın bir yere defnedin. Böylece yattığım yerden onların seslerini duyabileyim." diyordu. Bu sebepledir ki yıllar sonra kendisi vefat ettiğinde bu şefkatli padişahı, Eyüp'te kendi yaptırdığı okulun bahçesine defnedeceklerdi.

Mehmet Reşad Han, zaman zaman etrafına çocukları toplar, Beylerbeyi Sarayı'ndaki güvercinliğe giderdi. Orada bulunan güvercin kümesindeki birbirinden farklı bir sürü güvercini hep birlikte izler ve severlerdi. Bu güvercinlerden özellikle iki tanesi vardı ki yaşlı padişah onları diğerlerinden daha çok seviyordu. Onlara ayrıca isimler takmıştı. Zaman zaman da Beylerbeyi'ndeki has kümese bakan bakıcıya hayvanların sağlık ve sıhhatlerini sorardı.

Aradan bir süre geçmişti. Yaşlı Sultan ciddi şekilde rahatsızlanmıştı. Doktorlar ameliyat olması gerektiğini söylüyorlardı. Çaresiz, ameliyat hazırlıkları yapıldı. Saray halkı son derece endişeliydi. Fakat padişah dindar bir kişiydi. Allah'a tevekkülü tamdı. Etrafındakilere o teselli veriyordu. Ameliyat sonrasında hasta dinlenmeye bırakılmıştı. O gece o şekilde geçti. Herkes padişahın sağlık durumunu merak ediyordu. Ertesi sabah padişah daha bir dinç olarak uyandı. Çevresindekiler rahatlamışlardı. Fakat padişahın çevresindekilerden garip bir arzusu olmuştu. Hemen bir görevlinin Beylerbeyi Sarayı'na giderek oradaki kümeste bulunan çok sevdiği iki güvercinini getirmelerini istemişti. Kimse bu isteğe bir anlam veremedi. Ama padişaha hayır demek de olmazdı. Birkaç görevli alelacele bir sandala atlayarak Beylerbeyi Sarayı'na geçtiler. Kümesçibaşını bulup güvercinleri sordular, ama acı bir cevapla karşılaştılar. Maalesef kümesçibaşı güvercinlerin ikisini de bu sabah ölü olarak bulmuştu. Görevliler çaresizlik içinde, elleri boş Dolmabahçe Sarayı'na döndüler. Padişaha üzücü durum arz edildiğinde padişahın hiç de şaşırmadığını gördüler. Çevresindekiler merak içinde kalmışlardı. Padişaha bunun sebebini sorduklarında aldıkları cevap daha bir şaşırtıcıydı.

Mehmet Reşad Han, ameliyat sonrasındaki gece rüyasında Azrâil'i görmüştü. Ölüm Meleği yanına kadar gelmiş, tam vazifesini yapacakken yanlarına padişahın çok sevdiği bu iki güvercini gelmişti. Güvercinler, padişaha biraz daha mühlet tanınmasını, onun yerine kendi canlarını verebileceklerini bildirmişlerdi. Mehmet Reşad Han'ın rüyası burada sona ermişti. Orada bulunanlar, anlatılanlar karşısında hayretlerini gizleyemezken kaç gündür padişahın, çevresindekilere, her şeyin Allah'ın elinde olduğunu, O istemezse kendisine hiçbir şeyin olmayacağını söylerken ne demek istediğini şimdi daha iyi anlamışlardı.

HAZRETİ SÜLEYMAN VE KARINCA

Hazreti Süleyman Aleyhisselâm, bir karıncaya bir sene boyunca ne yiyeceğini sormuştu. Karınca,

– Bir buğday yerim, diye cevap verdi.

O da denemek için bir karıncayı bir kutuya koydu ve kutunun içine de bir tane buğday attı. Bir sene sonra kutuyu açıp baktığında karıncanın, buğdayın sadece yarısını yediğini gördü. Hazreti Süleyman karıncaya,

– Sen, senede bir buğday yemez miydin, diye sorunca karınca şöyle cevap verdi:

– Ya Süleyman! O, rızkımı, her rızkı bol ve cömertçe veren Yüce Allah verirken öyle idi. Ama rızık senin vasıtanla gelince senin ileride ne yapacağını bilemedim. Ya beni unutursan ki sen unutabilirsin. Ama Rabb'im, yarattıklarından hiç kimseyi asla unutmaz. İşte onun için tedbirli davrandım.

YEDİ DEFA

Hazreti Ebûdderda anlatmıştı:

– Her kim sabahladığında ve akşama eriştiğinde yedi defa "Allah bana yeter. O'ndan başka ilah yoktur. O'na tevekkül ettim. O, büyük arşın Rabb'idir." derse Allah, onun bütün sıkıntılarını giderir.

SEN NEYE GÜVENİYORSUN

8. yüzyılda yaşayan büyük velilerden Şakîk-i Belhî bir kıtlık senesinde, herkesin kara kara düşündüğü bir ortamda, zengin bir adamın kölesinin şakır şakır oynadığına şahit oldu. Yanına yaklaştı ve sordu:

– Herkes kıtlıkla, açlıkla karşı karşıya olmaktan inler durur-ken sen neye güvenerek böyle oynayabiliyorsun?

Köle cevap verdi:

– Herkesten bana ne? Benim için bir tehlike söz konusu değil. Benim efendimin 7–8 tane köyü var, her ihtiyacımız o köylerden sağlanıyor.

Bu açıklama Şakîk'i âdeta bir tokat vurur gibi sarstı. Çünkü kendisi de kıtlıktan dolayı endişe içindeydi. Kölenin sözlerin-den sonra kendi kendine şöyle dedi:

– Hey Şakîk kendine gel! Şu köle nihayet bir insan olan efendisine bunca güveniyor, kendini emniyet içinde hissedi-yor. Sen ki bütün canlıların rızkını garanti eden Allah'a ina-nıyor ve tevekkül ediyorsun, bu nice tevekküldür ki rızık en-dişesi içindesin?

ALLAH İÇİN YAŞAMAK

Günün birinde zengin bir tüccar, Abdülkâdir Geylânî Hazretleri'ne hediye olarak yardımcılarından birini getirir. Abdülkâdir Geylânî Hazretleri, kendisini seven bu insanı kırmamak için getirmiş olduğu yardımcıyı kabul edip evine götürür ve "Evladım bak!" der, "Şu odalar yatmak içindir, bu elbiseleri de giyebilirsin. Yemek istersen de burayı kullanırsın." Bütün bu seçenekleri sunduktan sonra da "Kardeşim" der ve ekler, "Artık evimi tanıdın, şimdi söyle bakalım hangi oda hoşuna gitti, nerede yatmak istersin?" O ana kadar sessizliği tercih eden yardımcı şu cevabı verir: "Nereyi münasip görürseniz."

– Peki, hangi elbiseyi giymek istersin?

– Hangisini uygun görürseniz.

– Hangi yemeği seversin?

– Hangisini verirseniz.

Abdülkâdir Geylânî Hazretleri, peşi peşine bu cevapları alınca gözyaşlarına engel olamaz ve hıçkıra hıçkıra ağlamaya başlar. Yardımcı, "Hatalı bir cevap mı verdim, niçin bu mübarek insanı üzdüm?" diye düşünerek Abdülkâdir Geylânî Hazretleri'ne yaklaşıp "Efendi Hazretleri, kusur ettiysem özür dilerim. Hata mı ettim acaba?" diye sorar.

Abdülkâdir Geylânî Hazretleri cevap verir:

– Yok, evladım yok, hata etmedin, tam isabet ettin.

– Peki, niçin ağlıyorsunuz öyleyse?

– Söylediklerini düşündüm de ondan.

– Tekrar özür dilerim efendim, yanlış bir şey mi söyledim?

– Yok, evladım, doğru söyledin. Keşke senin bana itaat ettiğin gibi ben de Rabb'ime kullukta bulunsam da ömrümde bir defa olsun "Ya Rabbi! Sen'den hiçbir şey istemiyorum. Nereyi uygun bulursan orada yaşarım, hangi elbiseyi münasip görürsen onu giyerim, hangi rızkı verirsen onunla karnımı doyururum. Başka bir talebim yok Rabb'im Sen'den." diyebilseydim. Ama diyemedim. Onun için ağlıyorum.

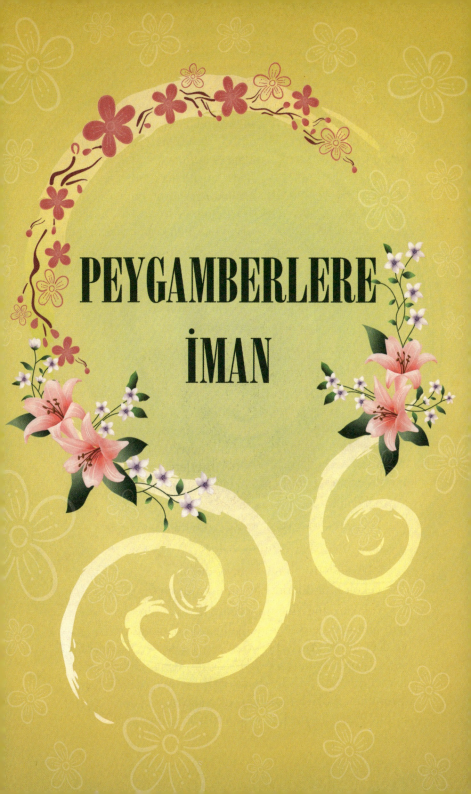

PEYGAMBERLERE

İMAN

PEYGAMBERLER ALLAH'IN ELÇİLERİDİR

Peygamber kelimesi haber getiren anlamına gelir. Dinî yönden ise Allah Teâlâ'nın, vahiy yoluyla bildirdiği emirlerini ve yasaklarını kullarına iletmek üzere elçi olarak seçtiği insanlara peygamber denir. Peygamber, Allah'ın kendisine vahiyle gönderdiği dinin kurallarını insanlara olduğu gibi duyurup öğretir. Allah ile kulları arasında elçilik görevi yapar. Peygamberler de insandır, ancak onlar Allah'ın seçtiği müstesna insanlardır. İnsan çalışıp çabalamakla, istemekle peygamber olamaz. Peygamberleri Allah seçer. Allah'ın insanlara elçi olarak gönderdiği peygamberlerini, yine insanlar arasından seçmesi, onların insanlara her konuda rehberlik yapabilmeleri içindir.

Allah'ın; insanları doğru yola iletmek, emir ve yasaklarını onlara duyurmak için elçiler gönderdiğine inanmak, peygamberlik müessesesinin varlığını kabul etmek, Kur'ân'da peygamber olduğu zikredilen şahısların peygamber olduklarını tasdik etmek, peygamberlere iman konusunun içine girer. Kur'ân'da adı geçen peygamberlere iman etmek farzdır.

Kur'ân'da adı geçen yirmi beş peygamber vardır: Hazreti Âdem, İdris, Nuh, Hud, Salih, İbrahim, Lût, İsmail, İshak, Yakup, Yusuf, Şuayb, Musa, Harun, Dâvûd, Süleyman, Zülkif, İlyas, Elyesâ, Eyyûb, Yunus, Zekeriyya, Yahya, İsa ve Hazreti Muhammed. (Allah'ın selâmı hepsinin üzerine olsun.)

Bu peygamberlerin haricinde ismini bilmediğimiz ve sayısını yalnızca Allah'ın bildiği daha birçok peygamber gönderilmiştir.

NURDAN SÜTUN

Hazreti Âdem ile Hazreti Havva, Cennet'ten yer-yüzüne indirildikleri zaman bir süre ayrı kaldılar ve daha sonra Arafat Dağı'nda buluştular. Beraberce ba-tıya doğru yürüyüp Kâbe'nin bulunduğu yere geldiler. Bu sırada Hazreti Âdem, bu buluşmaya şükür olmak üzere Rabb'ine ibadet etmeyi arzu etti ve Cennet'te iken etrafında tavaf ederek ibadet ettiği nurdan sü-tunun tekrar kendisine verilmesini istedi. Allah'ın lütfuyla Cennet'teki nurdan sütun orada görününce Hazreti Âdem, onun etrafında tavaf ederek Allah'a ibadet etti ve Sübhâneke duası ile Allah'ı tesbih etti.

Bu nurdan sütun, Hazreti Şit zamanında kaybolup insanların günahları sebebiyle simsiyah kararınca ye-rinde siyah bir taş kaldı. Bunun üzerine Hazreti Şit Aleyhisselâm, onun yerine taştan dört köşe bina yap-tı ve o siyah taşı da binanın bir köşesine yerleştirdi. İşte bugün Hacerü'l-Esved diye bilinen siyah taş odur. Peygamberimiz, yeryüzünde Yüce Allah'ı anmak için yapılan ilk binanın işte bu Kâbe olduğunu bildirdi.

Nuh Tufanı'nda bu bina, kumlar altında kalınca yeri kayboldu ve uzunca bir süre gizli kaldı. Sonra Hazreti İbrahim, Allah'ın emriyle Kâbe'nin bulun-duğu yere gitti ve oğlu İsmail Aleyhisselâm'ı annesi Hacer ile birlikte oraya yerleştirdi. Daha sonra İsma-il Aleyhisselâm ile beraber Kâbe'nin bulunduğu yeri kazıp Hazreti Şit Aleyhisselâm tarafından yapılan binanın temellerini buldular ve o temellerin üzerine bugün bulunan Kâbe'yi inşa ettiler.

Kur'ân-ı Kerîm'de buna şöyle işaret edilmektedir: "Bir zamanlar İbrahim ile İsmail, Kâbe'nin temelle-rini yükseltiyor ve şöyle diyorlardı: 'Ey bizim Kerim Rabb'imiz! Yaptığımız bu işi kabul buyur bizden! Hakkıyla işiten ve bilen ancak Sen'sin.'" (Bakara Sûresi, 127. âyet)

MÜJDECİ VE UYARICI OLARAK

Allah Teâlâ Kur'ân-ı Kerîm'de şöyle buyurmaktadır:

"Biz Peygamberleri sadece müjdeci ve uyarıcı olarak gönderiyoruz. O hâlde kim iman eder, kendisini ve işlerini düzeltirse onlara asla korku yoktur. Onlar hiçbir üzüntüye maruz kalmayacaklardır." (En'am Sûresi, 48. âyet)

MİRAÇ'TA PEYGAMBERLER

Peygamberimiz (sallallahu aleyhi ve sellem), Miraç'ta peygamberlerle görüşmesini şöyle anlattı:

"... Cebrâil ile dünya semasına kadar geldik. Kapının açılmasını istedi. Kapıdan geçince orada Hazreti Âdem Aleyhiselâm'ı gördüm. 'Bu babanız Âdem'dir! Selâm ver ona!' dendi. Ben de selâm verdim. Âdem Aleyhisselâm selâmıma karşılık verdi ve sonra bana,

– İyi evlat hoş gelmiş, iyi peygamber hoş gelmiş, dedi.

Sonra Cebrâil beni yükseltti ve ikinci semaya geldik. Bize kapı açıldı. İçeri girince Hazreti Yahya ve Hazreti İsa Aleyhisselâm ile karşılaştım. Onlar teyze oğullarıydı. Cebrâil,

– Bunlar Hazreti Yahya ve Hazreti İsa'dır, onlara selâm ver, dedi.

Ben de selâm verdim. Onlar da selâmıma karşılık verdiler. Sonra Cebrâil beni üçüncü semaya çıkardı. Kapı bize açıldı. İçeri girince Hazreti Yusuf Aleyhisselâmile karşılaştık. Cebrâil,

– Bu Yusuf'tur! Ona selâm ver, dedi. Ben de selâm verdim. Selâmıma karşılık verdi,

– İyi kardeş hoş gelmiş, iyi peygamber hoş gelmiş, dedi.

Sonra Cebrâil beni dördüncü semaya çıkardı. Kapıyı çaldı. Kapı açıldı, içeri girdiğimizde Hazreti İdris Aleyhisselâm ile karşılaştık. Hazreti Cebrâil,

– Bu İdris'tir, ona selâm ver, dedi.

Ben selâm verdim. O da selâmıma karşılık verdi. Beşinci semaya geldik. Cebrâil kapıyı çaldı. Kapı açıldı, içeri girince Harun Aleyhisselâm ile karşılaştık. Sonra Cebrâil beni yükseltti ve altıncı semaya geldik. Kapıyı çaldı. İçeri girince Hazreti İbrahim Aleyhisselâm ile karşılaştık. Cebrâil,

– Bu baban İbrahim'dir, Ona selâm ver, dedi.

Ben selâm verdim. O da selâmımı aldı. Sonra,

– İyi oğlum hoş geldin, salih peygamber hoş geldin, dedi.

Sonra Sidretü'l-Münteha'ya çıkarıldım. Buranın meyveleri iri idi, yaprakları da fil kulakları gibiydi. Cebrâil bana,

– İşte bu, Sidretü'l-Münteha'dır, dedi."

YEMEĞİNİ DÖKEN MİSAFİR

Hazreti İbrahim, yüz altmış yaşına gelmişti. Bir gün kendisinden iki yaş büyük bir ihtiyarla karşılaştı. İhtiyarın yerinden kalkacak hâli yoktu. İbrahim Aleyhisselâm ona acıdı, onu evine aldı ve sofrasına buyur etti. Beraber yemek yemeye koyuldular. Fakat ihtiyar misafir, yemek yemeyi bir türlü beceremiyordu. Üstelik yedirme yardımını da kabul etmiyordu. Aldığı yemeği gözüne, burnuna sokmaya çalışıyor, nadiren de olsa ağzına götürdüğü de oluyordu. Eli, yüzü ve elbiseleri yemek bulaşığı hâline gelmişti. Sanki o yemeği yememiş, üzerine yemekleri dökmüş, yemek onu yemişti. Hazreti İbrahim Aleyhisselâm onun bu hâli üzerine şöyle dedi:

– Ey ihtiyar misafirim, neden böyle yapıyorsun? Müsaade et de sana yardım edeyim.

– Ey İbrahim, bunlar ihtiyarlığın getirdikleridir. Seni üzmek istemem, kusura bakma.

– Peki, kaç yaşındasın ki?

– Yüz altmış iki yaşındayım.

Hazreti İbrahim düşündü. Adam kendisinden iki yaş büyüktü. Ellerini kaldırdı ve "Allah'ım! Beni bu hâle düşürmeden ruhumu al." diyerek Yüce Allah'a dua etti. Çok geçmeden yemeğini yiyemeyen, üstüne başına döken ihtiyar misafirde bir değişme oldu. Hazreti İbrahim, ona dikkatle baktığı zaman ölüm meleği Azrâil'in karşısında bulunduğunu anladı. Azrâil, ihtiyar suretinden asıl suretine gelivermişti.

Ölüm meleği dedi ki:

– Ey İbrahim, vakit geldi. Duan kabul edildi. Yüce dost Allah'ın huzuruna varma zamanıdır. Ben de bu vazifeyi yerine getirmek üzere gelmiş bulunuyorum.

Azrâil Aleyhisselâm, Hazreti İbrahim'e ihtiyar misafir şeklinde gelmiş ve ölümü istemesi için Allah'a dua ettirmişti. Hazreti İbrahim Aleyhisselâm, 160 yaşında Şam bölgesinde Halilu'r-Rahman kasabasına defnedildi.

SON NEBİ'NİN KUTLU HAYATI

🌸 Kâinatın Sultanı Peygamber Efendimiz (sallallahu aleyhi ve sellem), 20 Nisan 571 Pazartesi günü Mekke'de dünyaya geldi. Babası, Abdülmuttalib ile Fatıma'nın oğlu Abdullah; annesi ise Vehb ile Berre'nin kızı Âmine idi. Babası Abdullah, Efendimiz'in (sallallahu aleyhi ve sellem) doğumundan iki ay kadar önce vefat etmiş ve Medine'de toprağa verilmişti. Peygamberimiz'in dedesi Abdülmuttalib, "Umarım ki O'nu gökte Hak, yerde halk övecektir." diyerek O'na Muhammed adını verdi.

🌸 Dört yaşına kadar sütannesi Halime'nin yanında kalan Efendiler Efendisi (sallallahu aleyhi ve sellem), daha sonra annesinin yanına döndü. Altı yaşında iken Âmine Annemiz, O'nu hem babası Abdullah'ın mezarını ziyaret etmek hem de akrabalarıyla tanıştırmak için Medine'ye götürdü. Âmine Annemiz, dönüşte hastalanıp Ebva denilen yerde vefat etti ve orada toprağa verildi. Yolculuk boyunca yanlarında olan Ümmü Eymen, Efendimiz'i (sallallahu aleyhi ve sellem) Mekke'ye ulaştırdı ve dedesine teslim etti.

🌸 Altı yaşından sekiz yaşına kadar dedesi Abdülmuttalib'in yanında kalan Efendimiz (sallallahu aleyhi ve sellem), o da ölünce dedesinin vasiyeti üzerine amcası Ebû Talib'in evine taşındı. Ebû Talib ve hanımı Fatıma, O'na çok iyi baktılar ve O'nu öz çocukları gibi sevdiler.

🌸 On üç yaşından itibaren amcaları ile birlikte ticaretle ilgilenmeye başladı. Bu alanda doğruluğu ve dürüstlüğü

ile tanındı. Yirmi yaşlarına geldiğinde Mekke'de üstün ahlâkı ve güvenilirliği ile bilinir ve Muhammedü'l Emin diye anılır olmuştu.

🌸 Yirmi beş yaşına geldiğinde Kureyş'in en asil ve zengin kadını olan Hazreti Hadîce Validelimiz'le evlendi. Hazreti Hadîce'nin Efendimiz ile (sallallahu aleyhi ve sellem) evlenmeyi istemesinin sebeplerinden biri, O'nda gelmesi beklenen son peygambere ait işaretleri görmesi idi. Bu kutlu ailenin ikisi erkek, dördü kız olmak üzere altı çocukları oldu. Efendimiz'in (sallallahu aleyhi ve sellem) oğulları Kasım ve Abdullah, peygamberlik gelmeden önce küçük yaşta Mekke'de vefat ettiler. Kızları Zeyneb, Rukiyye, Ümmü Gülsüm ve Fatıma büyüyüp evlendiler. Zeyneb, Rukiyye ve Ümmü Gülsüm Peygamberimiz'den önce vefat etti. Efendimiz'in (sallallahu aleyhi ve sellem) pak nesli, Hazreti Ali ile evlenen Hazreti Fatıma ile devam etti.

🌸 Otuz beş yaşında iken Kâbe hakemliği yaptı. Kâbe'nin tamiri sırasında Cennet'ten gelen taş Hacerü'l-Esved yerine konulurken çıkan anlaşmazlığı, taşı bir bez üzerine koyup bütün kabile reislerine taşıtmak suretiyle giderdi. Kabileler arasında çıkması muhtemel bir kavgayı engellemiş oldu.

🌸 Kâbe hakemliğinden birkaç yıl sonra Peygamber Efendimiz (sallallahu aleyhi ve sellem), bazı ilâhi işaretler almaya başladı ve O'ndaki bu hâller üç dört yıl sürdü. Kırk yaşlarına yaklaştığında yaşadığı toplumun ahlâk dışı bir hayat sürmesinden çok sıkılmaya ve yalnız başına kalmayı tercih etmeye başladı. Sık sık Nur Dağı'ndaki Hira mağarasına gidiyor ve

Rabb'iyle baş başa kalıp Kâbe'yi seyrediyordu.

Kırk yaşına gelmiş olan Efendimiz (sallallahu aleyhi ve sellem), 610 yılının Ramazan ayında Hira'da iken bir gece Cebrâil Aleyhisselâm geldi ve böylece vahiy süreci başlamış oldu. Efendimiz, Yüce Allah tarafından peygamberlikle görevlendirilmişti.

Efendimiz'e (sallallahu aleyhi ve sellem) iman ederek ilk inananlar olma şerefine; Hazreti Hadîce, Hazreti Ali, Hazreti Zeyd ibn Harise ve Hazreti Ebû Bekir eriştiler. Böylece üç yıl sürecek olan gizli davet dönemi başlamış oldu. İnsanların birer ikişer İslâm'a girdiği bu gizli davet döneminde inananların sayısı ancak otuza ulaştı.

Peygamberliğin dördüncü yılında Allah Resûlü, akrabalarını İslâm'a davet etti ve takip eden günlerde açıktan tebliğ başladı. İnsanların bir kısmı inkârcı tutumuna devam etti, bir kısmı da O'nun davetine uyup imanla şereflendi.

İslâm'ın yayılması adına yaşanan gelişmeler müşrikleri çileden çıkarınca mü'minler için baskı ve işkence dönemi başladı. Bunun üzerine Müslümanlar, ibadetlerini serbestçe yapabilmek için peygamberliğin beşinci ve altıncı yıllarında Habeşistan'a göç etmek zorunda kaldılar.

Peygamberliğin altıncı yılında hem Hazreti Hamza hem Hazreti Ömer İslâm ile şereflendi. Mekke'de yiğitliği ve cesaretiyle tanınan bu iki zatın iman etmesi, Müslümanları güçlendirirken müşrikleri çileden çıkardı.

Peygamberliğin yedinci yılından itibaren üç yıl sürecek boykot dönemi başladı. Efendimiz (sallallahu aleyhi ve sellem), Müslümanlar ve onlara destekte bulunan Haşi-

moğulları, Ebû Talib Mahallesi denilen yerde göz hapsine alındılar. Bütün ticarî ve insanî ilişkileri müşriklerce yasaklandı. Bu zorlu dönemde inananlar çok sıkıntı çektiler.

🌸 İslâm'ın onuncu yılında boykottan kurtulmanın sevincini acı olaylar takip etti. Efendimiz'in (sallallahu aleyhi ve sellem) amcası Ebû Talib'in ve çok sevdiği eşi Hazreti Hadîce'nin ardı ardına vefat etmesi O'nu çok üzdü.

🌸 Hira'da ilk vahyin gelişinin üzerinden on bir yıl geçmişti ki Efendimiz (sallallahu aleyhi ve sellem), Miraç'ta ilâhi ikramların doruğuna erişti. Yüce Allah'ın huzuruna yükseldi ve Rabb'i ile perdesiz görüştü. Bu ilâhi görüşmede farz kılınan namaz da mü'minin miracı oldu.

🌸 İslâm'ı yayma çabaları bütün zorluklara rağmen devam ederken birer yıl arayla 1. ve 2. Akabe Biatleri yapıldı. Sonra da Müslümanlar, Allah'ın izniyle Mekke'den Medine'ye hicret ettiler. Mekke'den en son Efendimiz (sallallahu aleyhi ve sellem) ve sadık dostu Hazreti Ebû Bekir ayrıldı.

🌸 Sevgili Peygamberimiz'in (sallallahu aleyhi ve sellem) Medine'ye teşrif ettikleri gün Müslümanların sevinci doruk noktadaydı. Medineli Müslümanlar, Efendimiz'in (sallallahu aleyhi ve sellem) gelişine sevindikleri gibi hiçbir şeye sevinmediler.

🌸 Efendimiz'in (sallallahu aleyhi ve sellem) Medine'ye gelişinden bir süre sonra Mescid-i Nebevî inşa edildi, sonra da Resûlullah ve ailesi için mescide bitişik evler yapıl-

dı. Bundan sonra İslâm dini, artık büyük küçük herkese Efendimiz'in (sallallahu aleyhi ve sellem) mescidinde öğretildi.

🌸 Takip eden yıllarda müşriklerle Müslümanlar arasında Bedir, Uhud, Hendek gibi savaşlar yapıldı ve hicretin altıncı yılında Hudeybiye Antlaşması imzalandı. Bu antlaşmayla gelen barış yıllarında Efendimiz (sallallahu aleyhi ve sellem), dünya üzerinde bütün devletlere elçiler gönderdi ve onları İslâm'a davet etti.

🌸 Hicretin sekizinci yılında müşrikler, Hudeybiye Antlaşması'nı bozunca on bin kişilik İslâm ordusu ile Mekke fethedildi. Efendiler Efendisi (sallallahu aleyhi ve sellem), çıkmaya mecbur bırakıldığı vatanına üstünlük sağlayarak ve genel af ilân ederek girdi.

🌸 Mekke'nin fethinden sonra Efendimiz (sallallahu aleyhi ve sellem) tekrar Medine'ye döndü. Arap yarımadasından büyük gruplar hâlinde Peygamberimiz'i ziyaret etmeye başlayan insanların çoğu İslâm'ı seçti.

🌸 Hicretin onuncu yılında ilk ve son haccını yapan Allah Resûlü (sallallahu aleyhi ve sellem), haccı sırasında Arafat'ta yüz binden fazla Müslüman'a hitaben bir konuşma yaptı. Son Resûlün, hak din İslâm'a dair son nasihatlerini verdiği bu tarihî konuşmaya Veda Hutbesi dendi.

🌸 Gönüller Sultanı, 8 Haziran 632 Pazartesi günü altmış üç yaşında iken Rabb'ine kavuştu. Cenaze namazı; erkekler, kadınlar ve çocuklar olmak üzere sıra ile Hücre-i Saadet'te kılındı ve Efendimiz (sallallahu aleyhi ve sellem) orada toprağa verildi.

MÜ'MİNİN PUSULASI: SÜNNET-İ SENİYYE

Kulluk vazifemiz olan bütün ibadetler, bünyesinde Peygamberimiz'in sünnetini barındırır. Sünnet-i seniyye, Peygamber Efendimiz'in ahlâkıdır, hayat tarzıdır. "Kim bana benzemeye çalışırsa o bendendir." buyuran Allah Resûlü'nün sünneti, mü'minler için pusula gibidir. Her zaman doğruyu gösterir. Çünkü "Beni Rabb'im terbiye etti." buyuran Nebiler Nebisi'nin her yaptığı, Allah'ın seçtiği davranış biçimleridir. Bu pusulaya uymayan insan, kendisini hedefe götüren yoldan çıkar ve yanlış yollara sürüklenir. Rabb'ini sevmekten de O'nun sevgisini kazanmaktan da uzaklaşır.

İşte "Âhir zamanda kim benim sünnetimi uygularsa yüz şehidin sevabını kazanabilir." buyuran Gönüller Sultanı'nın sünnetlerinden bazıları:

Nebiler Nebisi;

- Her işe besmele ile başlardı.
- Evine selâm vererek girerdi. Çıkarken de selâm verirdi.
- Bir evin kapısını en fazla üç kez çalardı.
- Güzel kokular sürünürdü.
- Dişlerinin bakımına önem verir, misvak kullanırdı.
- İsteyeni reddetmezdi.
- Akrabalarını, dost ve arkadaşlarını ziyaret ederdi.
- Misafirini temiz bir kıyafetle karşılar, misafirine elinde olandan ikramda bulunurdu.
- Davete icabet ederdi.
- Yakını vefat edenlere taziyede bulunur, onları teselli ederdi.
- Cenaze namazlarına katılırdı.
- Hastaları ziyaret ederdi.
- Namazları cemaatle kılardı.
- Çocuklarla şakalaşır, onları başlarını okşayarak severdi.

- Hep hayrı tavsiye ederdi.
- Yemekten önce ve sonra ellerini yıkardı.
- Yemeğe besmele ile başlar, yemeğin sonunda şükrederdi.
- Hediye kabul eder ve gelen hediyeye aynıyla veya daha güzeliyle karşılık verirdi.
- Ölmüş kişileri hayırla yâd ederdi.
- Evleneceklere yardım ederdi.
- Aksi bilinmedikçe hüsn-ü zan yapardı.
- İlim öğrenenlere destek verirdi.
- Evlenenleri tebrik ederdi.
- Hapşırdığında eliyle ağzını kapatırdı.
- Yatmadan önce avuçlarını birbirine birleştirir. İhlâs, Felak ve Nas Sûreleri'ni okur, sonra da başından başlayarak mübarek vücudunu mesh ederdi.
- Yatarken sağ tarafına döner, ayaklarını toplar, sağ yanağını sağ avucunun içine koyar ve o günün muhasebesini yapardı.
- Yüzükoyun yatmazdı.
- Suyu besmele ile başlayarak üç yudumda içer, sonunda "Elhamdülillah" der ve dua ederdi.
- Zemzem suyunu ayakta ve kıbleye karşı dönerek içerdi.
- Her gece gözlerine üç kere sürme çekerdi.
- Üzüldüğü zaman hemen namaza başlardı.
- Her namazda abdest alırdı.
- Kabirleri ziyaret ederdi.
- Dargınları barıştırırdı.
- Çok dua ve tevbe ederdi.
- Musibetlere sabrederdi.
- Elbisesini sağdan giyinir, sol tarafından çıkarmaya başlardı.

SAHABE O'NU ÇOK SEVERDİ

Hazreti Enes, hicret hâdisesini naklettiği rivayetinin bir yerinde şöyle dedi:

– Peygamberimiz'i Medine'ye teşrif buyururken görmüştüm. Ömrümde o günden daha güzel, daha aydınlık bir gün görmedim. Peygamber'in öldüğü günü de gördüm. O günden de daha karanlık bir gün görmedim. Peygamber Efendimiz (sallallahu aleyhi ve sellem) vefat ettiği gün, Medine'de her şey âdeta karanlığa gömülmüştü. Allah Resûlü'nü defnederken henüz ellerimize bulaşan toprakları silkelemeden kalplerimizin değiştiğini fark etmeye başlamıştık.

Ebû Eyyûb el-Ensârî şöyle anlatmıştı:

"Peygamber Efendimiz (sallallahu aleyhi ve sellem) Medine'ye geldiğinde evimin alt katına indi. Ben de üst katta oturuyordum. Akşam Resûlullah yatınca 'Biz, Allah Resûlü'nün üstünde oturuyoruz, o ise alt katta. Kendisi ile vahiy arasına giriyoruz!' diye düşündüm ve ertesi sabah,

– Ya Resûlullah! Anam babam sana feda olsun, benim üst katta, senin de bizim altımızdaki katta oturmanı uygun bulmuyorum. Bu gece ne ben ne de hanımım gözlerimizi yumduk, dedim.

Resûlullah,

– Niçin, ey Ebû Eyyûb, buyurdu.

O da,

– Senin altımızda olduğunu, uyuduğumuzda sağa sola dönerek üzerine toz düşürebileceğimizi, ayrıca seninle vahiy arasına girdiğimizi düşünerek uyuyamadık, dedim.

Ancak Allah Resûlü,

– Bizim için en uygunu, alt katta oturmamızdır. Çünkü yanımıza gelip giden çok oluyor, buyurdu.

Başka bir gece de su testimiz kırıldı ve içindeki su yere döküldü. Su aşağıya akar da Resûlullah rahatsız olur endişesiyle ben ve hanımım, kadife yorganımızı aldık ve suyun üzerine bastırıp suyu yorgana emdirdik. Ondan başka da yorganımız yoktu."

Enes bin Malik (radıyallahu anh) şöyle nakletmişti:

"Uhud Savaşı'nın vuku bulduğu gün, Medineliler, Resûlullah'ın öldürüldüğünü duyunca şehri terk etmek üzere harekete geçtiler ve 'Peygamberimiz öldürülmüş!' diye feryat etmeye başladılar.

Medine'nin her tarafından çığlıklar yükseliyordu. O sırada, Ensâr'dan ihramlı bir kadın, durumu öğrenmek üzere yola çıktı ve altı kilometrelik yol koşarak savaş alanına vardı. Burada babasının, oğlunun, kocasının ve kardeşinin cesetleriyle karşılaştı, ama önce hangisinin cesediyle karşılaştığını bilmiyorum. Kadın savaş alanında öldürülenler arasında yürürken,

– Bu kim, diye soruyor, oradakiler,

– Baban, kardeşin, kocan, oğlun, diye cevap veriyorlardı.

O ise ısrarla,

– Resûlullah'a ne oldu, diye soruyordu.

Nihayet 'İleride!' dediler. Kadın, Resûlullah'ın yanına varınca Allah Resûlü'nün elbisesinin kenarından tuttu ve:

– Ey Allah'ın Resûlü! Anam babam sana feda olsun! Sen sağsın ya kim öldürülmüş olursa olsun, umurumda bile değil! Bütün musibetler bana artık hafif gelir, dedi."

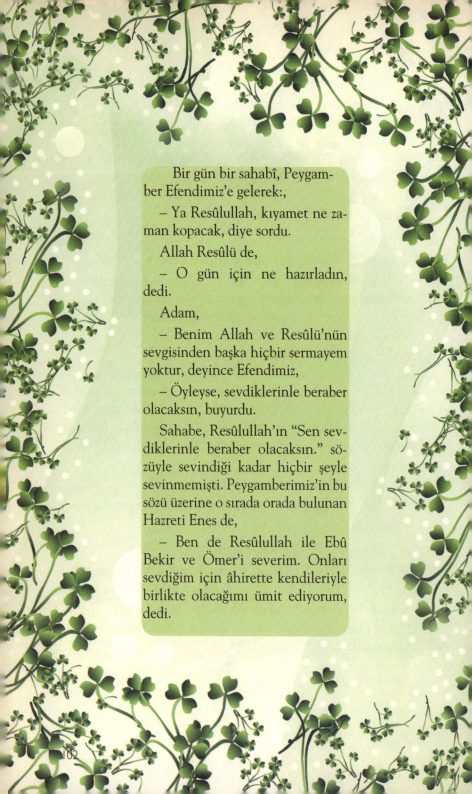

Bir gün bir sahabî, Peygamber Efendimiz'e gelerek:,

– Ya Resûlullah, kıyamet ne zaman kopacak, diye sordu.

Allah Resûlü de,

– O gün için ne hazırladın, dedi.

Adam,

– Benim Allah ve Resûlü'nün sevgisinden başka hiçbir sermayem yoktur, deyince Efendimiz,

– Öyleyse, sevdiklerinle beraber olacaksın, buyurdu.

Sahabe, Resûlullah'ın "Sen sevdiklerinle beraber olacaksın." sözüyle sevindiği kadar hiçbir şeyle sevinmemişti. Peygamberimiz'in bu sözü üzerine o sırada orada bulunan Hazreti Enes de,

– Ben de Resûlullah ile Ebû Bekir ve Ömer'i severim. Onları sevdiğim için âhirette kendileriyle birlikte olacağımı ümit ediyorum, dedi.

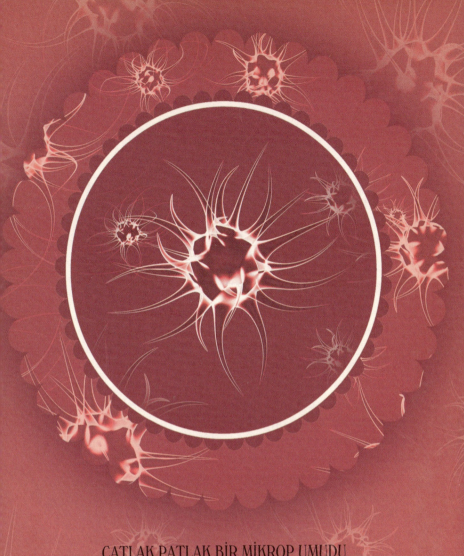

ÇATLAK PATLAK BİR MİKROP UMUDU

Çatlak, patlak
Yusyuvarlak
İs, pis, kir, pasak
Hedefimiz
Toksin yaymak
Hasta yapma
Sinsicelik

Parolamız

Parazitlik

Şiarımız

Temizlikse

Düşmanımız

El, ayak, deri

Kir dostları

Gelin beri

Eller kirli

Fırsat bu

Haydi, mikrop ordusu ileri!

Bir insan elinin kuytu bir yerinde, mikropça bir toplantı tertip edilmişti. Yuvarlak masanın etrafında, ihtimal dünyanın en pasaklı dört varlığı boy gösteriyordu. Topraktan fışkırmış hortlakları andırıyorlardı âdeta. Birazca düşük seviyede çapulcu ordusunu çağrıştıran kalabalık duruyordu pür dikkat.

– Kir dostları, diye seslendi suratsız olanı. Öyle suratsızdı ki hani derler ya: Suya düşse batmayacak. Tüm gözler biraz saygı, biraz da korkuyla ona yöneldi. "Suratsız Baba" lâkaplı, lider olduğu anlaşılan mikrop devam etti:

– Pasaklı mıyız bakalım, diyerek oturumu açmış oldu. Bu soru üzerine "Pasaklıyız Suratsız Baba!" diye bir uğultu koptu kalabalıktan.

Kir yumağı başını ani bir hareketle sağ tarafa çevirdi ve verem hastalığından sorumlu, namı diğer Gazi Topal Miko böylece söz almış oldu.

– Arkadaşlar! Buraya hepimiz farklı yüzeylerden geldik. Bizim için basit bir dokunuş yeterli, yapışıveririz. Paşa babamızın liderliğinde muazzam bir fırsat yakalamış durumdayız. Ben ve atalarım, tarihin bir devrinde, musallat olduğumuz milyonlarca insanı toprağa gömdük. Hey gidi günler hey, ne günlerdi... Ama insanoğlu "antibiyotik" denilen mikrop düşmanı ajanlar geliştirdi. Ne mi oldu? Soyumuzu kurutacaklardı ki ben ve bazılarımız paçayı zor kurtardık.

Tam sözün burasında Hain Kido lâkaplı kuduz hastalığından sorumlu mikrop aceleci, biraz da küstah bir tavırla:

– Gazi Topal kardeş! Anlaşılan çok korkuyorsun. Gerçi kuyruk acısı var anlıyoruz, ama lâfı çok uzatma ki çalışmaya vakit kalsın.

Sözü suratsız lider aldı:

– Gazi Miko çok haklı; ama Hain Kido'ya da hak vermemek elde değil. O hâlde planımızı uygulamaya koyulalım. Tecrübeli olarak sen Miko kardeş, bize velinimetimiz olan bu insan vücuduna girerken ve ilk giriş anında yapmamız gerekenleri anlat. Neyle karşılaşacağımızı bilmeliyiz.

– Emredersiniz Suratsız Baba, dedikten sonra Gazi Miko devam etti:

– Şu an üzerinde bulunduğumuz derideki gözeneklerden vücuda gireceğiz. Burada vücudun dolaşım ağı olan kan damarlarına geçmemiz gerekiyor. İşte burada azamî dikkat. Damarların içerisinde daima devriye gezen vücudun cengâver koruyucuları olan "akyuvar hücreleri" vardır. Bizi "insanlık düşmanı" olarak tanımlarlar. Azılı düşmanlarımızdır akyuvarlar, peşimizi asla bırakmazlar. Yakalandığımız yerde infazımız kaçınılmazdır. Sinsince yaklaşmalıyız ki öncü birlikleri "kırmızı alarmı" çalıp cengâverler başımıza üşüşmesin. Hedefe varmak için bu şart.

Bu açıklama üzerine Suratsız Baba yeter anlamında elini kaldırdı. Ayağa kalktı ve tek tek gurup lideri arkadaşlarını yanına çağırdı. Çok heyecanlıydı. Kin ve hırsından boyun damarları dışarı çıkayazmış, yüzü kıpkırmızı olmuştu. Herkes ayağa kalktı ve bir ordu disiplini içerisinde, pür dikkat, emre amade beklemeye başladı. Suratsız lider, grup komutanlarını tek tek işaret ediyor, onlar da tekmil veriyorlardı.

– Hain Kido, kuduz mikrobu. Birinci dereceden insanlık düşmanıyım. Hedefim "merkezî sinir sistemi" içerisindeki "beyin". Gayem kontrol merkezini çökertmek. Emirlerinize amadeyim.

– Ben Gaddar Şaro. Şarbon mikrobuyum. Ben de birinci dereceden insanlık düşmanıyım. İnsanlık âleminde namım "Kara Çıban" olarak da geçer. Adamlarımla birlikte damarlar içerisindeki kanı zehirlerim. Emirlerinizi bekliyorum.

– Sarsık Canavar. Sars mikrobuyum. İnsanlar benden çok korkar. "Gizemli Zatürre" her yerde konuşuluyor. İçerisine girdiğim vücudun solunum sistemine, huysuz bir eşek gibi öyle bir tepik atarım ki onların doktorları şaşar kalır. Sonra tumturaklı lâflar: Akut solunum yetmezliği sendromu. Yani toprağa merhaba de ey insan! Sizi utandırmayacağım efendim.

– O hâlde Pasak Marşı'nı söyleyelim gür bir sesle, dedi suratsız lider neşeyle. Müthiş bir uğultu mikro âlemi ayağa kaldırıyordu:

"Çatlak, patlak
Yusyuvarlak..."

Marş henüz bitmişti ki muazzam bir sarsıntı ve mikropların kulaklarını sağır eden, metallerin birbirlerine sürtmelerinden çıkan, gıcırtı sesi darmadağın etti mikrop ordusunu. Peşinden su akmaya başladı şarıl şarıl ve beraberinde mikropları da aldı götürdü.

Emre, ellerini yıkarken gülümseyerek arkadaşı Kürşat'a döndü ve:

– Dostum bugün Sevgili Peygamber Efendimiz'in bir hadis-i şerifini okudum: "Mü'min ne kazançlı insandır. Yaptığı her güzel işte hem dünyasını güzelleştirip hem de sevap kazanır."

– Harika, diyerek cevap verdi Kürşat ve devam etti:

– Yemeğin bereketi, yemekten önce ve sonraki yıkamadır.

Bu sözlerle bir "mikrop umudu" daha tükenmiş oluyordu.

Mikrop ordusundan geriye kalan sadece lavaboya yapışmış mikroskobik, siyah zemin üzerinde kuru kafa resimli bir korsan bayrağı ve üzerinde yer yer silinmiş pasak marşı.

Salih Şeref DURAN

ADALET
HASET

İSLÂM ADALETİ

İstanbul'un fethinden sonra Fatih Sultan Mehmed Han, bütün mahkûmları serbest bırakmıştı. Fakat bu mahkûmların içinden iki papaz zindandan çıkmak istemediklerini söyleyerek dışarı çıkmadı. Papazlar, Bizans İmparatoru'nun halka yaptığı zulüm ve işkence karşısında ona adalet tavsiye ettikleri için hapse atılmışlardı. Onlar da bir daha hapisten çıkmamaya yemin etmişlerdi.

Durum Fatih'e bildirildi. O, asker göndererek, papazları huzuruna davet etti. Papazlar hapisten niçin çıkmak istemediklerini Fatih'e de anlattılar. Fatih, dünyaya kahreden o iki papaza şöyle hitap etti:

– Sizlere şöyle bir teklifim var. Sizler İslâm adaletinin tatbik edildiği memleketimi geziniz. Müslüman hâkimlerin ve Müslüman halkımın davalarını dinleyiniz. Bizde de sizdeki gibi adaletsizlik ve zulüm görürseniz hemen gelip bana bildiriniz ve sizler de evvelki kararınız gereğince uzlete çekilerek hâlâ küsmekte haklı olduğunuzu ispat ediniz.

Fatih'in bu teklifi papazlara çok cazip gelmişti. Hemen padişahtan aldıkları tezkere ile İslâm beldelerine seyahate çıktılar. İlk vardıkları yerlerden birisi Bursa idi. Bursa'da şöyle bir hâdiseyle karşılaştılar:

"Bir Müslüman bir Yahudi'den at satın almış, fakat hiçbir kusuru yok diye satılan at hasta imiş. Müslüman, ahırına gelen atın hasta olduğu daha ilk akşamdan anlaşılmış. Müslüman, sabırsızlıkla sabahın olmasını beklemiş. Sabah olunca da atını alıp Bursa kadısının huzuruna çıkmış. Fakat olacak ya kadı o saatte de henüz dairesine gelmemiş olduğundan bir müddet bekledikten sonra adam kadının gelmeyeceğine hükmederek atını alıp ahıra götürmüş. Atını alıp götürmüş ama at da o gece ölmüş.

Hâdiseyi daha sonra öğrenen kadı, atı alan Müslüman'ı çağırtıp meseleyi şu şekilde halletmiş:

– Siz ilk geldiğinizde ben makamımda bulunsa idim, sağlam diye satılan atı sahibine iade eder, paranızı alırdım. Fakat ben zamanında makamımda bulunamadığımdan hâdisenin bu şekilde gelişmesine mademki sebep oldum, atın ölümünden doğan zararı benim ödemem lazım, deyip atın parasını Müslüman'a vermiş.

Papazlar İslâm adaletinin bu derece ince olduğunu görünce parmaklarını ısırmışlar ve hiç zorlanmadan bir kimsenin kendi cebinden mal tazmin etmesi karşısında hayret etmişler. Mahkemeden çıkan papazların yolu İznik'e uğramış. Papazlar orada da şöyle bir mahkeme ile karşılaşmışlar:

"Bir Müslüman diğer bir Müslüman'dan bir tarla satın alarak ekin zamanı tarlayı sürmeye başlamış. Kara sabanla tarlayı sürmeye çalışan çiftçinin sabanına biraz sonra ağzına kadar dolu bir küp takılmaz mı! Hiç heyecan bile duymadan Müslüman bu altınları küpüyle satın aldığı öbür Müslüman'a götürüp teslim etmek istemiş:

– Kardeşim ben senden tarlanın üstünü satın aldım, altını değil. Eğer sen tarlanın içinde bu kadar altın olduğunu bilseydin herhâlde bu fiyata bana satmazdın. Al şu altınları, demiş.

Tarlanın ilk sahibi ise daha başka düşünmekteymiş. O da şöyle demiş:

– Kardeşim yanlış düşünüyorsun, ben sana tarlayı olduğu gibi, taşı ile toprağı ile beraber sattım. İçini de dışını da bu satışla beraber sana verdiğimden içinden çıkan altınları almaya hiçbir hakkım yoktur. Bu altınlar senindir, dilediğini yap. Tarlayı alanla satan anlaşamayınca mesele kadıya, yani mahkemeye intikal etmiş. Her iki taraf iddialarını kadının huzurunda da tekrarlamışlar. Kadı, her iki şahsa da çocukları olup olmadığını sormuş. Onlardan birinin kızı, birinin de oğlu olduğunu öğrenince oğlanla kızı nikâhlayarak altını onlara çeyiz olarak vermiş.

Bu gördüklerinin üzerine papazlar, daha fazla gezmelerinin lüzumsuz olduğunu anlayıp İstanbul'a Fatih'in huzuruna geldiler ve şahit oldukları iki hâdiseyi de aynen nakledip şöyle dediler:

– Bizler artık inandık ki bu kadar adalet ve birbirinin hakkına saygı ancak İslâm dininde vardır. Böyle bir dinin sahipleri başka dinden olanlara bile bir kötülük yapamazlar. Dolayısıyla biz zindana dönme fikrinden vazgeçtik, sizin idarenizde hiç kimsenin zulme uğramayacağına inanmış bulunuyoruz.

ADALET MÜLKÜN TEMELİDİR

Bir gün sahabîlerden Ubey ibn Ka'b'la Hazreti Ömer arasında bir anlaşmazlık olmuştu. Bu esnada Ubey, Hazreti Ömer'e,

– Ey Allah'ın Peygamberinin halifesi haksızlık yapıyorsun, dedi.

Hazreti Ömer ise kendisinin haklı olduğunu savunuyordu. Çözüme ulaşmaları için en doğru yol, Medine kadısına gitmeleriydi. Onlar da öyle yapmaya karar verdiler. O dönemde Medine kadısı Zeyd ibn Sabit idi. Halife ve Ubey birlikte Zeyd'in makamına gittiler. Zeyd, yerinden kalktı ve makamına halifenin oturmasını istedi. Aslında kadı, bunu sadece Halife Ömer'e saygısından dolayı yapmıştı. Yoksa hüküm verirken ona farklı davranacak değildi. Ama onun bu davranışı Hazreti Ömer'i kızdırmaya yetmişti. Bir anda kaşlarını çattı ve hiddetle,

– Olmadı ey Zeyd! Sen daha işin başında haksızlık yaptın. Ben buraya halife olarak değil, senin önünde yargılanmak üzere gelmiş bir kişiyim. Şu an hangimizin haklı olduğu belli olmadığından ikimiz de aynı yerde oturmalıyız, diye çıkıştı.

Bunun üzerine Hazreti Zeyd makamına oturdu. Onları da karşısında bir yere oturttu ve dava o şekilde devam etti.

Hazreti Ömer, adaletin timsaliydi. Sadece "Adalet mülkün temelidir." sözünü söylemekle kalmamış, bu prensibinin dışına hayatı boyunca hiç çıkmamıştı. Kendi tayin ettiği bir yargıcın önünde yargılanmaktan da asla kaçınmamıştı. Bu türlü tavırları sebebiyle aradan 1400 asırdan fazla süre geçmiş olmasına rağmen bugün hâlâ Hazreti Ömer denilince önce adaleti akla gelmektedir.

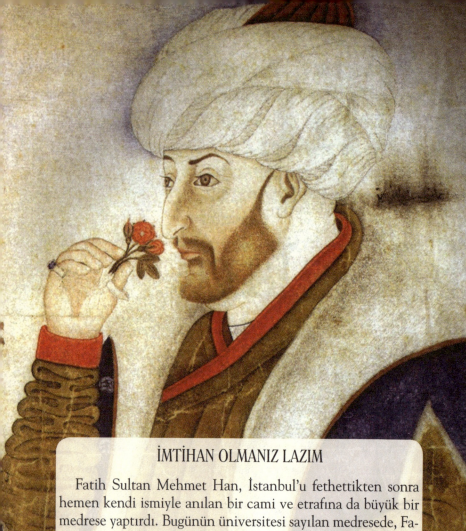

İMTİHAN OLMANIZ LAZIM

Fatih Sultan Mehmet Han, İstanbul'u fethettikten sonra hemen kendi ismiyle anılan bir cami ve etrafına da büyük bir medrese yaptırdı. Bugünün üniversitesi sayılan medresede, Fatih de bir oda almak istiyordu. Fakat Fatih'in bu isteği üzerine medresenin ilim heyeti,

— Siz ne talebesiniz, ne de hacegan sınıfındasınız. Bu durumda bir odaya sahip olmanız mümkün değildir, dedi.

Fatih, aldığı bu cevaba kızmadığı gibi,

— Medresede bir odaya sahip olabilmem için ne yapmam lazım, diye sordu.

— İmtihan olmanız lazım, dediler.

Fatih, aynı talebe imiş gibi imtihana girdi ve imtihanı kazanarak kendi yaptırdığı medresede bir odaya sahip oldu.

SON OYUN

Bir adam başpehlivan olmuş, bu mesleğin pek çok inceliğini öğrenmiş, işinde iyice ustalaşmıştı. Güreş konusunda üç yüz altmış tane oyun biliyor, her güreşe çıktığında bu oyunlarından biriyle güreşiyordu.

Usta pehlivanın yanında, güreş dersleri verdiği öğrencileri de vardı. Usta, bunlardan birinin yeteneklerini ve gücünü çok beğeniyordu. Bu delikanlıya güreş konusunda bildiği oyunlardan üç yüz elli dokuz tanesini öğretti. Delikanlıya henüz öğretmediği tek bir oyun kalmıştı.

Delikanlı, pehlivanlıkta iyice ustalaşmış ve kuvvetlenmişti. Artık onun gücüne kimse karşı koyamıyor, karşısına çıkan her rakibi yeniyordu. Fakat gücü ve pehlivanlıktaki ustalığı bu delikanlının aklını başından almıştı. Hatta bir seferinde sultanın önünde,

– Benim hocamın üstünlüğü sadece yaşlı oluşu ve beni yetiştirmesi sebebiyledir. Yoksa kuvvet yönüyle ben ondan geri kalmam. Pehlivanlık sanatının inceliklerini de hocam kadar bilirim, dedi.

Delikanlının böyle terbiye dışı, gururla konuşması ve hocasını küçük görmesi sultanı son derece üzdü. Bunun üzerine sultan, delikanlının hocası ile güreşmesini emretti.

Güreş için büyük bir meydan seçildi. Sultan, devletin ileri gelenleri ve

113

halk büyük merak içinde bu meydanda toplandı. Az sonra delikanlı kükreyen bir aslan gibi meydana çıktı.

Delikanlının hocası, talebesinin kendisinden kuvvetli olduğunu biliyordu. Bu yüzden delikanlıyı, ona henüz öğretmediği son oyunuyla yakaladı. Delikanlı bu oyundan bir türlü kurtulamadı. Hocası da onu kaldırdı ve sırt üstü yere vurdu. Bu sırada halktan "Yaşaaa! Varoool!" çığlıkları yükseldi.

Sultan emir verdi. İhtiyar pehlivana değerli elbiseler giydirdiler ve ona çeşitli hediyeler verdiler. Nankörlük eden ve gurura kapılan delikanlıya da şöyle dedi:

– Seni yetiştiren ustanla boy ölçüşmeye kalkıştın, onu da başaramadın. Atalarımız boşuna, "Büyük lokma ye, ama büyük söyleme!" dememişler.

Nihayet delikanlı sultana,

– Efendim, hocam beni kuvvetiyle yenmedi. Fakat en son oyununu henüz bana öğretmemişti. Bugün beni o oyunuyla yendi, dedi.

İhtiyar pehlivan bunun üzerine şunları söyledi:

– Ben de şimdiye kadar bu oyunu böyle bir gün için saklıyordum. Bilge kişiler, "Dostuna, sana düşmanlık yapabilecek kadar kuvvet verme!" demişler.

İnsan, sevgisinde de öfkesinde de ölçülü olmalı ve aşırıya kaçmamalıdır.

YER BİTİRİR

Hazreti Enes (radıyallahu anh) anlatıyor:

"Allah Resûlü buyurdular ki:

– Haset (çekememezlik) hayırları yer bitirir, tıpkı ateşin odunu yiyip tükettiği gibi. Sadaka hataları söndürür, tıpkı suyun ateşi söndürmesi gibi. Namaz, mü'minin nurudur. Oruç ateşe karşı perdedir."

AYNADAKİ RAKİP

Bencil insanları çevrelerinde seven tek kişi dahi yoktur. Bunları seven olsa bile onlar da böylelerini çıkarları için sever görünürler. Benciller, kendi çıkarları için başkalarının haklarını kolayca çiğnerler. Kısacası bu karakterdeki kişiler, mutluluğu başkalarının haklarını elinden almakta bulurlar. Böyleleri her zaman "Hep bana, hep bana..." diye düşünürler. Ama bencillikleri ve açgözlülükleri yüzünden bu gibi kişilerin başına gelmeyen kalmaz. Çoğu kere çıkarcılıkları yüzünden zarara uğrarlar.

Aşağıda size bencil ve açgözlü bir çobanın başından geçen bir olayı anlatacağım:

Çok eskiden bir çoban kucağında kuzusu, elinde sopası ile şehre inmiş. Amacı zengin bir ağanın konağına varıp kuzusunu vermek, karşılığında ağadan türlü hediyeler almakmış.

Çoban, bir süre sonra bir konağın önüne gelmiş. Ağanın da o saatte evde olacağını hesaba katarak kapıdaki uşaktan izin alıp konağa girmiş. Kucağında kuzusu, bir elinde sopasıyla olduğu hâlde, konağın salonunda şaşkın şaşkın sağa sola bakarak ilerlemeye başlamış. Salonun sonundaki merdivenin başına yaklaşınca bir de ne görsün. Başka bir çoban kucağında kuzusu, elinde sopası ile kendisine doğru ilerlemiyor mu? Bencil çobanın öfkesinden kan beynine sıçramış. Çünkü bu çobanın, kendisinin kuzusu karşılığında ağadan alacağı hediyelere ortak olma ihtimali belirmiş. İçinden, "Belki de ağa sadece onun kuzusunu alır, bütün hediyeleri ona verir, ben de avucumu yalarım!" diye düşünmüş.

Bencil çoban gördüğü manzara karşısında fazla vakit kaybetmek niyetinde değilmiş. Yumruğunu göstererek diğer çobana, "Çabuk önümden çekil!" diye bağırmış. Aynı anda diğer çoban da sesini çıkarmadan öfke içinde yumruğunu kaldırıp kaşlarını çatarak kendisini tehdit etmiş. Bizim bencil çoban artık iyice çileden çıkmış. Ardından gözdağı ver-

mek için sopasını kaldırıp rakibinin üstüne yürümeye başlamış, ama o da ne rakibi de sopasını kaldırmış kendi üzerine gelmiyor mu!

Nihayet bencil çoban diğer çobanın yaptığı bunca saygısızlığa daha fazla dayanamamış. Elindeki değneği var gücüyle rakibine savurmuş; ama sopasının isabet ettiği yer, çoban değil, çoban zannettiği koca aynaymış. Ayna büyük bir gürültüyle paramparça olmuş.

Gürültüyü duyan ağa, salona inmekte gecikmemiş. Ağa, gördüğü manzara karşısında hem şaşırmış hem öfkelenmiş. Nasıl öfkelenmesin ki; bir çoban konağına girmiş, koca aynayı kırmamış mı!

Öfkesi iyice kabaran ağa da fazla beklememiş. Konağa büyük umutlarla gelen bencil çobanın sopasını elinden alıp kafasına indirmiş. Kendini herkesten akıllı sanan bencil çobanı, bir daha konağına adımını atmamasını da söyleyerek kapı dışarı etmiş.

Halil ASLANTAŞ

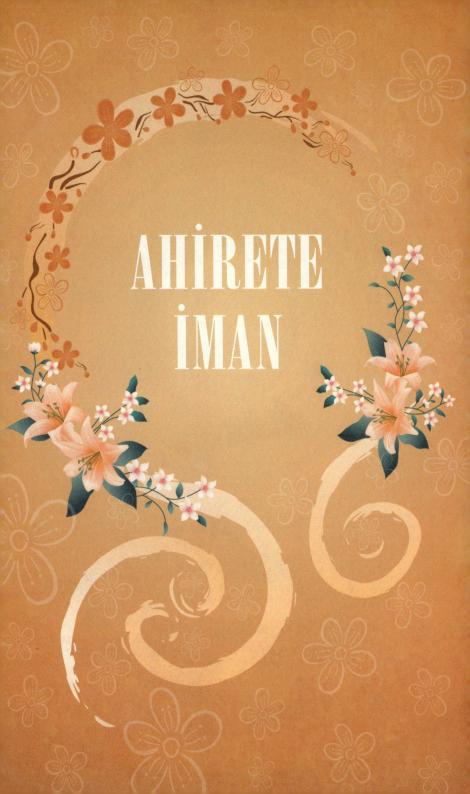

AHİRETE İMAN

ÂHİRET ÖLÜMSÜZ OLARAK YAŞAYACAĞIMIZ ÂLEMDİR

Öldükten sonra Allah Teâlâ tarafından tekrar yaratılarak diriltileceğimiz ve ölümsüz olarak yaşayacağımız âleme âhiret denir. Dirileceğimiz güne de âhiret günü veya mahşer günü adı verilir. Âhiret gününden önce kıyametin kopması gerçekleşecektir. İsrafil isimli meleğin Sûr'a üflemesiyle başlayacak olan kıyametin kopuşu, bütün kâinatı ilgilendiren bir hâdisedir. Sadece dünya ile ilgili değildir. Kıyamet koparken neler olacağı Kur'ân-ı Kerîm'de, İnfitar Sûresi'nin ilk sekiz âyetinde şöyle anlatılır: "Gökyüzü yarıldığı zaman... Yıldızlar parçalanıp etrafa saçıldığı zaman... Denizler birbirine katılıp deniz hâline geldiği zaman... Kabirlerin içi dışına çıkarıldığı zaman... İşte o zaman! Her kişi ne yapıp ne yapmadığını iyice anlayacaktır. Ey insan, nedir seni o kerim Rabb'in hakkında aldatan? O değil mi seni yaratan, bütün vücut sistemini düzenleyen ve sana dengeli bir hilkat veren ve seni dilediği bir surette terkib eden?"

Kıyametin kopmasından sonra insanlar, Allah tarafından ikinci defa diriltilip iyilik ve kötülüklerinin karşılığını almak üzere Allah'ın huzurunda toplanacaklardır.

Rabb'imiz için insanlar öldükten sonra onları diriltmek çok kolaydır. Yüce Mevlâ bunu Kur'ân-ı Kerîm'de şöyle bildirir: "Mahlukları ilkin yoktan yaratan, ölümden sonra da dirilten O'dur. Bu diriltme O'na göre pek kolaydır. Göklerde ve yerde en yüce sıfatlar O'nundur. Gerçekten O mutlak galiptir, tam hüküm ve hikmet sahibidir." (Rûm Sûresi, 27. âyet)

Dünyada her gün milyonlarca canlıyı yoktan var eden ilahi kudrete yine yoktan yarattığı insanı ölümünden sonra ikinci defa nasıl yaratabilir, denilebilir mi? Gözümüzün önünde kışın beyaz sayfasını çevirip bahar ve yazın yeşil yaprağını açarak yeryüzü kitabını en güzel şekilde yazan, her ağacın her bitkinin programını onun küçücük çekirdeğinde saklayıp muhafaza eden Zat, vefat eden insanların ruhlarını nasıl muhafaza edecek denilebilir mi? Dünyayı ve sayısız küreleri, yıldızları kudret elinde top gibi yuvarlayan, tesbih taneleri gibi çeviren

Cenâb-ı Hakk'ın hiçbir zorlukla karşılaşmadan yarattığı insanları tekrar diriltmesinde O'nun için hiçbir zorluk olamaz. Bahar mevsiminde bütün bitkileri ve çiçekleri yaratmak, O'nun kudretine bir çiçek yaratmak kadar kolaydır. Hiçbir şey O'nun kudretine zor gelmez.

Âhiret inancı ve şuuru; kabri, dünyanın sıkıntılı hayatından Cennet'e götüren bir koridor gibi gösterir. Böylece ölüm; çürüyüp yok olup gitmek değil, sadece bir yer değiştirme, dünya hayatındaki imtihanın bitmesi sebebiyle vazifeden ayrılma olarak görünür.

İyilik ve kötülüklerin karşılığı âhirete ertelenerek iyilerin ne kadar samimi oldukları ölçülür. Kötülere de yapmış oldukları kötü işlerden vazgeçmeleri için zaman tanınır. Eğer âhirete imanın gereği olan Allah'a hesap verme fikri olmazsa "Güçlü olan haklıdır." kaidesine göre sorumluluk duygusunu kaybetmiş olanlar ve gücü ellerinde bulunduranlar, haktan ve adaletten yana olamazlar. Bunlar, kendi zevk ve heveslerini ölçü kabul ederek dünyayı ve sosyal hayatı Cehennem'e çevirebilirler.

Sevdiklerinin ölümü üzerine insanlar, büyük bir üzüntü duymakla beraber âhirete iman duygusu ile teselli bulabilir, bunalımlara düşmekten kurtulabilirler. "O ölmekle yok olup gitmedi. Onunla tekrar buluşup görüşme imkânını kaybetmiş değilim. Ebedî bir âlemde, sonsuz ve ölümsüz bir hayatta yeniden ve bir daha ayrılmamak üzere buluşacağım. Rabb'im bunu vaat ediyor, söz vermiş; O, sözünden dönmez." diyerek teskin olurlar.

Öldükten sonra Allah tarafından diriltileceğine iman eden ve dünya hayatında yaptığı iyilik ve kötülüklerinin karşılığını göreceğine kesinlikle inanan bir insan, kendisini Peygamber Efendimiz'in (sallallahu aleyhi ve sellem) ahlâk tarzına göre ayarlar. Peygamber ahlâkı ile ahlâklanmış insanlardan meydana gelen bir toplumda huzur ve güven olur. İnsanlar, birbirlerine güvenerek iş yapar, birbirleriyle ellerinden geldiğince yardımlaşır. Âhirete iman, insana çok muhtaç olduğu sorumluluk duygusunu kazandırır. Bu duygu; kendimize, vatanımıza, ailemize, milletimize, insanlara, hatta hayvanlara karşı bile görevlerimizi yerine getirmemizi sağlar. Sevap kazanma inancımız ve isteğimiz de yardımlaşma, acıma, iyilik yapma duygularımızı geliştirir. Cezalandırılma endişesiyle başkalarına zarar vermekten, kötülük ve haksızlık yapmaktan kaçınırız. İyi olan insanlar, dünyada alamadıkları mükâfatlarını âhirette alma inancıyla mutlu olurlar. Sıkıntı ve bunalımdan kurtulup sağlıklı bir ömür sürerler.

Haksızlığa uğrayanlar, ilâhî adalet ile haklarını alacaklarına ve suçlunun cezalandırılacağına inandıkları için içleri rahat, ruhsal durumları sağlıklı olur. Bunun yanında hakkını nasıl olsa âhirette alacağı inancıyla ufak tefek haklarını "İllâ da alacağım!" diye tutturmazlar. Şartları fazla zorlamaktan vazgeçip karşılarındaki insanları Allah'a havale ederler. Böylece toplum barışına, birlik ve beraberliğe büyük bir katkıda bulunurlar. Toplumdaki fertlerin bu tür duygulara sahip olmasının, hoşgörü zemininin meydana gelmesinde önemli tesiri vardır.

Allah'a ve âhirete inanıp faydalı işler yapan bir insan, öldükten sonra dirilmek suretiyle Cennet'te ebediyen Allah Teâlâ'nın çok değerli bir misafiri olarak mutlu bir şekilde yaşayacaktır. Eğer insan, âhirete inanmazsa veya âhiret olmazsa ölünce hiçbir işe yaramayan ve mikrop yuvası bir cesetten başka ne olabilir?

En Küçük Varlığın İsteğine Cevap Veren Allah İnsanın Ebediyet Arzusuna da Cevap Verir

Allah Teâlâ, hayat sahibi olan en küçük, en zayıf, en âciz varlıkların bile gizli seslerini, dualarını işitsin, ihtiyacını görsün, onları beslesin ve onlarla ilgilensin; sonra da yarattıklarının en büyüğü, en değerlisi olarak gördüğü insanın ölümsüzlük isteğini, duasını işitmesin! Onun ebedî yaşama isteğini duymasın ve reddetsin. Kendisine muhatap aldığı kullarının asırlarca: "Öldükten sonra yok olmak istemiyoruz, bizi ebediyete mazhar kıl! Ey bizi sayısız nimetleriyle donatan sultanımız, bize gösterdiğin bu numunelerin asıllarını ve membalarını da göster. Bizi bu çöllerde mahvetme. Bizi huzuruna al. Yokluğa atarak azap etme..." diye dua dua yalvarışlarına hiç değer vermesin! İnsan gibi mucizevî bir sisteme mazhar ederek yarattığı varlığı, ağaçtan düşen bir yaprak gibi toprağa atıp çürütsün.

Aksine, bir incir çekirdeğini bile israf etmeyen Yüce Rabb'imiz, en mükemmel şekilde yarattığı insanı yokluğun karanlıklarına atmayacak ve yaptıklarının karşılığını kendisine verecektir. Mesela bir meyve çekirdeği görünüşte ölüdür. Fakat toprağa gömülünce yeşerecektir. Aynen bunun gibi ölen bir insan da dünya yönüyle ölü, âhiret yönüyle diridir. Çünkü insan da bir tohum gibi toprağa girecek, kabir kapısından geçip âhiret hayatına devam edecektir.

Allah, hiçbir şeyi faydasız ve boş yere yaratmamış, hiçbir şeyi hiçliğe, yokluğa atmamıştır.

Ekini biçerken öldürüyorlar. Başaktan buğdayı ayırıyorlar. Sonra değirmende un hâline getirip tekrar öldürüyorlar. Undan hamur yapıyorlar. Hamuru fırında pişirdikten sonra yani bir kez daha öldürdükten sonra ekmek elde ediyorlar.

Fakat defalarca ölen ve sonunda ekmek yapılan buğdayı insan yiyince buğday bir bakıma tekrar dirilip insan bedeninde ete, kemiğe, tırnağa, saça dönüştürülerek insana can oluyor, hayat oluyor. İşte bu mucizeleri her gün gözlerimiz önünde tazeleyip duran Allah Teâlâ, ölmüş insanları dünya hayatındaki imtihanlarının, diğer bir ifadeyle bu dünyada yapmış olduklarının karşılığını vermek üzere tekrar diriltecektir.

"De ki: Dünyayı gezin dolaşın da Allah'ın yaratmaya nasıl başladığını anlamaya çalışın. Sonra, Allah tekrar yaratmayı da ölümden sonra diriltmeyi de gerçekleştirecektir. Allah elbette her şeye kadirdir." (Ankebût Sûresi, 20. âyet)

VASİYET

Hazreti Osman (radıyallahu anh) şehit edildiğinde hususi dolabını aradılar ve içinde kilitli bir sanduka buldular. Sandukayı açtıklarında içinden şu belge çıktı:

"Bu, Osman'ın vasiyetidir:

Bismillâhirrahmânirrahîm.

Osman ibn Affan şahitlik eder ki Allah'tan başka ilâh yoktur. O, birdir ve O'nun ortağı yoktur. Muhammed, O'nun kulu ve Resûlü'dür. Cennet haktır, Cehennem haktır. Allah, gerçekleşeceği konusunda şüphe olmayan kıyamet günü, kabirdekileri diriltecektir. Allah asla sözünden caymaz. Osman; bu inanç üzere yaşayacak, bu inançla ölecek, inşallah bu inançla dirilecektir."

ÖLÜMÜN ÖLÜMÜ

Sahabeden Ebû Said, Peygamber Efendimiz'in şöyle buyurduğunu anlatmıştı:

"Kıyamet gününde ölüm, ak ve kara renkli bir koç şeklinde getirilir ve Cennet ile Cehennem arasındaki sur üzerinde bırakılır.

Sonra bir ses,

– Ey Cennet ehli, diye bağırır.

Cennet'tekiler başlarını kaldırıp bakınca yine aynı ses,

– Şunu tanır mısınız, diye onlara sorar.

Cennet ehli, hepsi koçu görmüş oldukları hâlde,

– Bu ölümdür, diye cevap verir.

Bundan sonra aynı ses,

– Ey Cehennem ehli, diye bağırır.

Onlar da başlarını kaldırıp bakarlar.

Aynı ses onlara da,

– Şunu tanıyor musunuz, diye sorar.

Cehennem ehli, koçu görmüş oldukları hâlde,

– Bu ölümdür, diye cevap verirler.

Daha sonra koç yatırılarak boğazlanır. Daha sonra aynı sesin sahibi,

– Ey Cennet ehli, burada ebedîlik var, asla ölüm olmayacak. Ey Cehennem ehli, size de ebedîlik var, asla ölüm olmayacak, der."

Bunları anlattıktan sonra Efendimiz Aleyhisselâm şu âyeti ilave etti: "Sen o hasret ve pişmanlık gününü, o haklarında ilahî hükmün yerini bulacağı günü anlatarak uyar onları. Ama onlar gaflet içindeler, hâlâ iman etmiyor onlar. Şu kesin bir gerçektir ki bütün dünyaya ve bu dünyada yaşayan bütün insanlara Biz vâris olacağız ve ölümden sonra hepsi diriltilip Bizim huzurumuza getirileceklerdir. (Meryem Sûresi, 39. ve 40. âyetler)

O HÂLDE ŞİMDİ ALSIN

Nebiler Sultanı Efendimiz şöyle buyurdular:

"Ölüm meleği Azrâil Aleyhisselâm, Hazreti Musa'ya gönderilmişti. Musa Aleyhisselâm, karşısına çıkar çıkmaz Azrâil'in gözüne bir tokat attı ve onun gözünü kör etti. Azrâil Aleyhisselâm, Allah Teâlâ'ya Hazreti Musa ile başından geçen olayı anlattı ve,

– Ey Rabb'im, beni ölümü istemeyen bir kuluna gönderdin, dedi.

Bunun üzerine Allah Teâlâ, Azrâil'in gözünü geri verdi ve,

– Git, o kula de ki elini bir öküzün üzerine koysun, elinin kapladığı yerde ne kadar kıl varsa onların sayısı kadar kendisine ömür verdim, dedi.

Azrâil Aleyhisselâm, gelip Allah Teâlâ'nın bu emrini söyleyince Musa Aleyhisselâm,

– Ey Rabb'im, sonra ne olacak, diye sordu.

Allah Teâlâ da cevaben,

– Ondan sonra yine ölüm, buyurdu.

Musa Aleyhisselâm,

– O hâlde Azrâil şimdi canımı alsın, dedi.

Kabrinin de Mescid-i Aksa'ya bir taş atımı mesafede yakın olmasını istedi. Çünkü bu sırada Musa Aleyhisselâm Tiyh sahrasında bulunuyordu.

Orada olsaydım size Musa Aleyhisselâm'ın kabrini gösterirdim. Kesib-i Ahmar denilen yerin altında yol tarafındadır."

İLK KAVUŞAN

Sevgili Peygamberimiz'in mübarek kızı Hazreti Fatıma, yirmi dokuz yaşında hicretin on birinci yılında Allah Resûlü'nden altı ay sonra vefat etti. Ehl-i beytten Peygamberimiz'e ilk kavuşan Hazreti Fatıma oldu. Onun vefatını Ümmü Seleme Hazretleri şöyle anlatmıştı:

"Hazreti Fatıma'nın vefatı sırasında Hazreti Ali evde yoktu. Hazreti Fatıma beni çağırıp,

– Bana su hazırla! Ben yıkanacağım, temiz elbiselerimi de çıkar giyineceğim, dedi.

Ben de suyunu ve elbiselerini hazırladım. Gayet güzel yıkandı ve temiz elbiselerini giyip,

– Bana yatak hazırla, ben uzanacağım, dedi.

Ben de dediğini yaptım. Yatağını kıbleye doğru çevirip yattı ve bana şöyle söyledi:

– Ey Ümmü Seleme! Şimdi ise ayrılma zamanı geldi. Kendim yıkanıp guslettim. Bunun için bana birkaç kere guslettirmeye ve vücudumu ovalamaya da lüzum yok.

Bir müddet sonra da fani âleme veda etti."

ÇOCUĞUNUN YAPTIĞI İSTİĞFAR

Allah Resûlü buyurdu:

"Allah Teâlâ, salih kulunun Cennet'teki derecesini yükseltir.

Bunun üzerine o,

– Ya Rabbi! Bu yükselme şefaati nereden, ne sebebiyledir, diye sorar.

Cenâb-ı Hakk ona şöyle der:

– Çocuğunun senin için yaptığı istiğfar sebebiyledir."

İNSAN ÖLDÜĞÜ ZAMAN

Nebiler Sultanı Efendimiz buyurdular ki:

– İnsan öldüğü zaman salih ameli kesilir. Ancak üç şey hariç: Bitmeyen, devam eden sadaka; faydalı ilim; kendisine dua edecek iyi evlat.

GELİNCİKLER

Bahar gelir gelincikler açılır,
Yüz binlerce al kanatlı kelebek
Ovalara, tarlalara saçılır
Gelincikler sevimlidir çünkü pek

Gelincikler her çiçekten güzeldir
Kır çiçeği içinde bibedeldir.

Dest-i kudret ne çiçekler yaratmış,
Hoştur ama menekşeler leylaklar
Ovaları tarlaları donatmış
Al canfesden küçük küçük yapraklar

Gelincikler her çiçekten güzeldir
Çiçeklerin içinde bibedeldir.

Yüze güler penbe güller goncalar
Onlardan da bir rahiya alınır
Gerçi şıktır papatyalar yoncalar
Gelincikler gelin gibi sallanır.

Gelincikler her çiçekten güzeldir
Çiçeklerin içinde bibedeldir

Yüzbinlerce şehid kanı dökülmüş
Gibi kırlar al bir renge boyanmış
Dikkat ettim şehid kanı değilmiş
Bahar gelmiş gelincikler uyanmış.

Gelincikler her çiçekten güzeldir
Çiçeklerin içinde bibedeldir

Nerede görsem bir gelincik çiçeği
Saatlere temaşaya doyamam
Allar giyen o sevimli bebeği
Eşlerinden ayırmaya kıyamam.

Gelincikler her çiçekten güzeldir
Çiçeklerin içinde bibedeldir

Yaşar Nezihe BÜKÜLMEZ

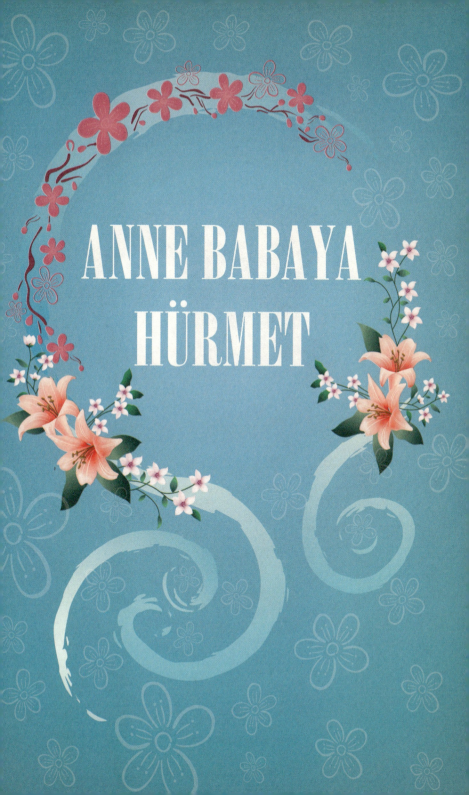

ANNE BABAYA HÜRMET

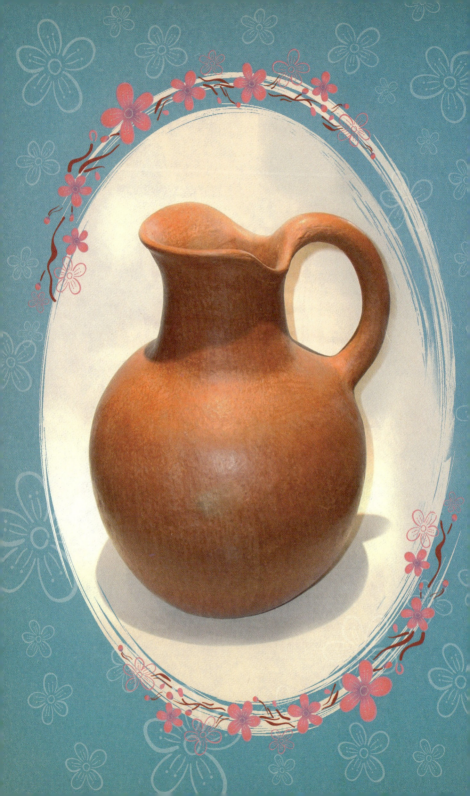

SEN DE RAZI OL

Bâyezid-i Bistâmî Hazretleri için şöyle bir menkıbe anlatılır:

Soğuk ve dondurucu bir kış gecesi idi. Annesi yattığı yerden doğrularak oğlundan su istedi. Bâyezid-i Bistâmî Hazretleri hemen fırlayıp su testisini almaya gitti. Fakat testide su kalmamış olduğundan çeşmeye gidip testiyi doldurdu. Buzlarla kaplı testi ile annesinin başına geldiğinde annesinin tekrar dalmış olduğunu gördü. Uyandırmaya kıyamadı. O hâlde bekledi. Nihayet annesi uyandı ve "Su, su..." diye mırıldandı. Bâyezid-i Bistâmî Hazretleri elinde testi ile bekliyordu. Şiddetli soğuğun tesiri ile eli donmuş, parmakları testiye yapışmış idi. Bu hâli gören annesi,

– Yavrum, testiyi niçin yere koymuyorsun da elinde bekletiyorsun, dedi.

Bâyezid-i Bistâmî,

– Anneciğim uyandığınız zaman suyu hemen verebilmek için testi elimde bekliyorum, dedi.

Bunun üzerine annesi,

– Ya Rabbi, ben oğlumdan razıyım. Sen de razı ol, diye can u gönülden dua etti.

Belki de annesinin bu duası sebebiyle Allah Teâlâ ona evliyalığın çok yüksek mertebelerine kavuşmayı ihsan etti.

HAZRETİ MUSA'NIN CENNET'TEKİ ARKADAŞI

Hazreti Musa Aleyhisselâm, Yüce Allah'a bir gün dua ederken şöyle bir istekte bulundu:

– Ya Rab! Cennet'te benimle oturup kalkacak, bana arkadaşlık edecek insanın kim olduğunu bilmek istiyorum.

– Ey Musa! Filân memlekete git, o ülkede bir kasap var, onu bul. İşte o kasap, senin Cennet'te arkadaşın olacaktır, buyruldu.

Hazreti Musa, o memlekete gitti. Cennet'te kendisine arkadaş olacak kasabı aradı, buldu. Ancak hemen gidip kasapla görüşmedi, bir müddet onu gözetledi. Kasap akşam olunca dükkânını kapattı. Yanına da bir parça et alarak evine gitmek için yola çıktığı sırada Hazreti Musa, o adama yaklaşarak selâm verdi ve adama,

– Misafir kabul eder misin, diye sordu.

Kasap büyük bir mutlulukla ve güler yüzle,

– Ne demek, tabii ki kabul ederim. Ayrıca büyük bir mutluluk duyarım, dedi.

Hazreti Musa ve kasap birlikte eve gittiler. Ev sahibi yemek için getirdiği eti güzelce pişirdi. Bir de çorba yaptı. Sonra hazırladığı çorbadan ve etten, hasta ve yaşlı annesine yedirdi. Ardından da annesinin üstünü başını bir güzel temizledi. Onun bütün hizmetlerini görüp ihtiyaçlarını yerine getirdikten sonra onu yerine yatırdı. Annesini yatağına yatırırken kadın, oğluna bir şeyler söyledi. Kasap, büyük mutlulukla güldü ve başını sallayarak karşılık verdi.

Adam, Hazreti Musa'ya dönerek,

– Kusura bakmayın, sizinle ilgilenemedim, dedi.

Olup bitenleri büyük bir dikkatle izleyen Hazreti Musa,

– Kim bu kadın, diye sordu.

– O, benim annemdir, kendisi çok yaşlı olduğu için ona hizmet ediyorum, diye cevap verdi adam.

Hazreti Musa,

– Sen onu yedirip içirdikten sonra sana bir şeyler söyledi. Çok merak ettim ne söylediğini deyince kasap gülerek cevap verdi:

– Bana, "Allah'ım, oğlumu Cennet'te Hazreti Musa'ya arkadaş eyle." diye dua ediyor.

Bunu işiten Hazreti Musa,

– Müjdeler olsun! Musa benim, sen de benim Cennet'teki arkadaşımsın, dedi.

ANNEN VAR MI

Câhime (radıyallahu anh) bir gün Peygamberimiz'e geldi ve,

– Ey Allah'ın Resûlü! Ben cihada katılmak istiyorum, bu konuda sizinle istişare etmeye geldim, dedi.

Allah Resûlü,

– Annen var mı, diye sordu.

Câhime,

– Evet, deyince,

– Öyleyse ondan ayrılma, çünkü Cennet onun ayağının altındadır, buyurdu.

Allah Resûlü, "Cennet annelerin ayakları altındadır." buyurunca "Babaların hakkı yok mu?" sorularına şöyle açıklamada bulundu:

– Allah'ın rızası babanın rızasından geçer. Allah'ın razı olması da babanın razılığından geçer.

DÜNYANIN EN GÜZEL BAHÇESİ

Saysam aklında tutar mısın
Sevdiğim tüm çiçekleri
Annemin gözlerindedir menekşe
Lavanta kokar elleri
Yağmur yağınca bahçemize
Islak bir zambak olur annem

Çağırsam gelir misin
Dünyanın en güzel bahçesine
Bir yanda yeni açmış güller
Bir yanda gölgesinde büyüdüğüm ağaçlar
Uzatsam tutar mısın elimden
Erguvan olur ellerim

Babamın diktiği fidanlar
Çoktan geçmiş boyumu
Koşsam yetişir misin peşimden
Dünyanın en güzel bahçesinde

Mustafa UÇURUM

KADERE
İMAN

ALLAH HER ŞEYİ BİR KADER ÜZERİNE YARATIR

"Biz, her şeyi bir kader üzerine önceden yapılmış belli bir plan ve programa göre yarattık." (Kamer Sûresi, 49. âyet)

Allah Teâlâ'nın, ilk noktadan ebediyete kadar yaratacağı varlıkların hepsinin zamanını, yerini, miktarını, bütün özellikleriyle en küçük ayrıntısına kadar önceden bir plan ve program yaparak belirlemesine kader denir.

"Bilinmeyen nice hazineler ve görünmeyen gayb âleminin anahtarları O'nun yanındadır. Onları Kendisinden başkası bilemez. Karada ve denizde ne varsa hepsini O bilir. O'nun haberi olmadan bir tek yaprak bile düşmez. Yerin karanlıkları içinde O'nun bilmediği tek bir tane yoktur. Yaş ve kuru ne varsa hepsi Kitab-ı Mübin'dedir." (En'am Sûresi, 59. âyet).

Allah Teâlâ'nın, Kâdir ismiyle yapmış olduğu plan ve programında belirlediği şeyleri zamanı gelince yaratmasına, yani gerçekleştirmesine de kaza denir.

Hiçbir olay, kaderin dışında kalmaz ve kaderde sonradan değişme olmaz. Allah Teâlâ, insanın kaderini belirleyip yazarken onun dünya hayatında kendi aklını ve hür iradesini kullanarak, her konuda iyi veya kötü, doğru veya yanlıştan hangisini tercih edip yapacaksa önceden onu bilir. İnsanın seçtiğini, o kişinin kaderi olarak yazar.

Bir insan iyilik yaparsa Allah'a itaat ederse bu seçiminin ve davranışının mükâfatı olarak ona sevap verilir. Eğer insan, kötü ve günah olan bir işi yaparsa söz konusu kişi günah kazanmış ve cezayı hak etmiş olur. Elbette ki tevbe ile günahlarımızın affedilip silinme imkânı her zaman vardır. Günah işlemiş olmak mutlaka ceza çekmeyi gerektirmez. Fakat kul olarak bize düşen hata yapmamaya, günah işlememeye çalışmaktır.

Küllî İrade - Cüz'î İrade

Allah'ın iradesine küllî irade denir. Küllî irade, her dilediğini yapma, yaratma gücüne sahip sınırsız irade anlamına gelir.

İnsanın iradesine cüz'î irade denir. Cüz'î irade, insanın doğruyu ve yanlışı ayırt etmesi yeteneğidir. Cüz'î irade sınırlıdır. Allah insanın kaderini; hayvanların, bitkilerin kaderi gibi yazmamıştır. İnsana, "Sana verdiğim akıl ve irade ile iyi veya kötüden, doğru veya yanlıştan hangisini seçersen onu yazacağım, kötülüklerinden seni sorumlu tutacağım. İyi veya kötü yaptığın her şeyin karşılığını göreceksin." demiştir. Bizi, yani insanları bu şekilde imtihandan geçirmek istemiştir. Ancak ergenlik çağına kadar da dinî eğitim-öğretim için insana zaman ve fırsat tanımakta ve bu dönemde işlediği günahlardan onu sorumlu tutmamaktadır.

Seçimi İnsan Yapar, Allah Seçileni Yaratır

İnsanın seçim yapması, iyilik ve kötülük için sebep oluşturmak, ortam hazırlamak anlamına gelir. Yaptığımız her iş, iyi veya kötü sonuçlar doğurur. Sonuçlar iyi de olsa kötü de olsa Allah tarafından yaratılır. Allah'ın kötü sonucu yaratması kötü değil, insanın iradesini kötü sonuçları doğuracak şekilde kullanması kötüdür.

Demek ki başımıza gelen iyi ve kötü her olayın mutlaka sebepleri vardır. Bu sebepleri ya kendimiz veya ana-baba, arkadaş, toplum gibi başka ortaklarla meydana getiririz. Eğer başımıza gelen belâların sebeplerini doğru olarak tespit edemezsek sorumluluğu kadere, yani Allah'a yükleriz. Bu kötülüğü niye yazdı, biz ona ne yaptık ki, diye anlamsız sözler söyleriz. Kendi ihmalimizden veya başka bir sebepten başımıza gelen bir sıkıntıdan dolayı kadere isyan etmek sıkıntımızı gidermez. Aksine sıkıntımız bir iken ikiye çıkar. İmanımız, Allah'a güvenimiz yara alır. Şunu iyi bilmeliyiz ki Allah, hiçbir zaman bizim kötülüğümüzü istemez.

Allah Teâlâ, seçimimizle meydana getirdiğimiz sebeplerle onların sonucunu aynı anda, bir arada görür. Sebebiyle, sonucuyla her şeyi önceden görerek ve bilerek kaderimizi dünyaya gelmeden yazar. Görüp bilmesinde yanılma, gaflet, gözden kaçma söz konusu olmadığı için kaderde yazdıkları aynıyla hayatımızda gerçekleşir.

KADERE İMANIN FAYDASI

Kader ve kazaya iman etmek, Allah'a olan imanımızı güçlendirir. Hiçbir şeyin başıboş olmadığını, gelişigüzel meydana gelmediğini, her şeyi görüp gözeten, yöneten bir Zat'ın varlığını anlatır. Kâinatı ve içinde meydana gelen olayların, bir karmaşa olarak değil de gerçekte her şeyin Cenâb-ı Hakk'ın planına ve programına göre meydana geldiğine inanırız. Bu bakış açısı bizi rahatlatır. Kendimizi ve her şeyi boşlukta görmekten kurtuluruz. Bunalıma düşmeyiz. En sıkıcı ve üzücü olaylar karşısında bile sarsılmayız. Her ne kadar görünürde suçlu olanlar varsa da "Kaderin hükmü böyledir." anlayışına da bir pay ayırarak soğukkanlılığımızı koruyabiliriz. Daha sabırlı olabiliriz. Acele etmeden, geleceği düşünerek durum değerlendirmesi yapabiliriz. Sonradan pişman olacağımız yanlışları yapmaktan sakınırız. Allah'a sığınarak, güvenerek yolumuza devam edebiliriz.

Her İş Küçük de Olsa Planlanarak Yapılır

"Her şeyin hazineleri (asıl kaynağı) bizim katımızdadır ve biz onu belli bir plana (ölçüye) göre indiririz." (Hicr Sûresi, 21. âyet)

İşte kader, Allah'ın yarattığı bu kâinat sarayının içindeki canlı ve cansız varlıkların hayat hikâyelerinin planı ve programıdır. Rüyaların bir bölümü olan sadık rüyalar; yani sonradan, görüldüğü şekilde gerçekleşen rüyalar da kaderin ispatı için çok önemli bir delildir.

Öyle ki bir sene, iki sene, on sene sonra meydana gelecek olaylar önceden rüyada görülebilmektedir. Bu da her şeyin önceden planlanıp yazıldığını gösteren bir delildir.

Peygamber Efendimiz'in ve bazı velilerin gelecekten verdiği haberler kaderin varlığını gösterir.

Peygamber Efendimiz'in İstanbul'un fethedileceğini bir hadisleriyle haber verdiğini herkes bilir. Hadis kitaplarında Peygamber Efendimiz'in daha birçok önemli olayı asırlar öncesinden haber vermiş olduğu görülmektedir.

İnsanın İradesiyle Kaderinin İlgisi Nasıldır?

Başımıza gelen her olayın mutlaka bir sebebi vardır. Hiçbir olay sebepsiz olarak gerçekleşmez. Cenâb-ı Hakk, kaderimizi yazarken insanın oluşturduğu sebeplerin sonucu neyi gerektiriyorsa onu yazar ve ondan insanı sorumlu tutar.

Allah, insanları cüz'î iradeleriyle imtihan ettiği için daima insanların hazırladıkları ortamın sonucunu yaratır. İnsan; iyilik ortamı hazırlarsa, Allah iyi sonuçlar yaratır, kötülük ortamı hazırlarsa kötü sonuçlar yaratır. Tarlasından iyi mahsul almak isteyen çiftçinin; tarlasını sürmesi, sürdükten sonra en uygun tohumu ve gübreyi atması, ihtiyaç olduğu zaman da sulaması lâzımdır.

Yüce Yaratıcı, kaderimize yazdığı her iyilik ve kötülükte bizim tercihlerimizi esas alır. Sorumlu tutulmamız, tercih hakkımızın olmasını gerektirmektedir.

Hayvanların ve cansız maddelerin, bizim bildiğimiz anlamda akıl ve iradeleri olmadığı için hiçbir sorumlulukları da yoktur. Yani cezalandırılmaları söz konusu değildir.

Kaderle İlgili Dikkat Edilmesi Gereken Bazı Hususlar

Görünüşte insan iradesi ile alâkası yok gibi görünen bazı kötü olayların ve belâların, çok dikkatli olarak değerlendirildiğinde insan iradesiyle ilgili olduğu anlaşılmaktadır. Onun için yüzeysel bir değerlendirmeyle niçin bu başıma geldi, diyerek acele ile kadere gücenmemek gerekir. "Herkes, benim kadar dindar ve dürüst olsa ne var..." demek yerine, gerçekten hangi

hareket ve sözlerimizle bu olayın yaratılmasına sebep olduğumuzu tekrar tekrar gözden geçirerek hatalarımızı belirlemeye çalışmalıyız. "Ya Rabbi, bunu bir şekilde biz hak etmişizdir ama çok zayıfız, âciziz, imanımızı koru! Sen büyüksün, bizi bağışla, cezamız bu kadarla kalsın!" diye dua edip yalvarmak en akıllıca yoldur. Rabb'imiz de bizlere engin rahmetiyle muamele edecektir.

Demek Cenâb-ı Hakk, kötülüğümüzün cezasını hemen vermiyor. Tevbe ile veya gerektiği şekilde yanlışımızı düzeltmemizi istiyor; bunu da hakkıyla yerine getiremezsek cezamızın çoğunu affederek bizlere ihsanda bulunmuş oluyor.

Başımıza gelen belâlar, ilk bakışta irademizle ilgili değilmiş gibi görünüyorsa da gerçekte bu belâların ortaya çıkmasına biz sebep oluyoruz. Bazen insan, belânın geldiği ana bakarak bunu anlayamayabilir. Belâlar, insanın birikmiş günahlarının gecikmiş, ertelenmiş cezalarıdır. Bu sebeple insanın, başına gelenlerin daha önce iradesiyle, kendi isteğiyle işlediği günahlarının cezası olduğunu düşünmesi gerekir.

Allah, 30–40 sene namaz kılmayan bir kulunu, bu süre içinde müezzine, yaklaşık on bin kere ezan okutarak namaza davet ediyor. O kul ise namaza gitmeyerek "Boşuna çağırma, gelmem!" demiş oluyor. Oysa söz konusu kişi, çalışmış olduğu işyeri sahibinin veya patronunun çağrısını kaç kere reddedebilir? Böyle bir daveti reddettiğinde de büyük bir ihtimalle ya ceza alır veya işinden olur.

Allah, kulunun cezasını merhametinden erteliyor. Ona gelecek belâdan eşinin, çocuğunun, uzak-yakın akrabalarının da büyük zarar göreceğini biliyor.

Hepimizin, önce üzülüp daha sonra "İyi ki öyle olmuş!" dedi-

ğimiz durumlar olduğu gibi önce sevinip sonra da "Keşke böyle olmasaydı!" dediğimiz olaylar ve kazalar da çok olmuştur.

Adaletsizlik, haksızlık ve zulüm yapanlar insanların bedduasını alır. Özellikle zayıf, âciz insanların; yetimlerin, yaşlıların kimsesizlerin hakkını yemek, onlara zulmetmek çok ağır bir vebaldir. Yine savunmasız olan hayvanlara eziyet etmek, onları haksız yere öldürmek de zulümdür. Mazlumun bedduası, masum hayvanlara yapılan haksızlık karşılıksız kalmaz. Bu beddualar sebebiyle başımıza bazı belâlar gelebilir.

Sürekli tevbe – istiğfar ederek, sadaka vererek, hayır işleyerek belâ ve musibetlerden korunmaya çalışmalıyız. Peygamberimiz "... Bildiğim, bilmediğim hatalarımı affet." diye dua edermiş. İnsan unutsa bile Cenâb-ı Hakk unutmaz. Sonunda ilâhî adalet mutlaka yerini bulur.

Her Şeyi Aklımızla Anlayamayız

Her şeyi aklımla anlamalıyım, sonra iman etmeliyim, diyen insan dinden hiçbir şey anlamadan geri döner. Her olayın bir görünen yüzü, bir de görünmeyen gerçek yüzü vardır. Kader ikisine birden bakar. İkisini birden içine alır. Yani olayların bir görünen, bilinen sebepleri vardır, bir de gizli kalan gerçek sebepleri vardır. Olayların perde arkası dediğimiz bu gizli ve gerçek sebepleri anlayamadığımız için olayın yalnızca görünen kısmına bakarak konuyu ya hiç anlayamıyoruz veya eksik anlıyoruz. Dolayısıyla Allah'ın adaletini, merhametini kavramakta zorlanıyoruz. Kul olarak bize düşen, Allah'ın iradesine, yaptıklarına razı olmaktır. Bu olaydan kader konusuyla ilgili olarak çıkarmamız gereken sonuç şudur: Allah'ın yaptığı her şeyin bir hikmeti vardır. Bizler, bazı olayları aklımızla kavrayamayabiliriz. Allah, her şeyin en doğrusunu bilir ve yapar.

AKREP KURBAĞA VE YILAN

Tasavvuf büyüklerinden Zünnûn el- Mısrî şöyle anlatmıştı:

"Bir gün elbiselerimi yıkamak için Nil nehrinin kenarına gitmiştim. Nehrin kenarında dururken bir de baktım ki karşı kıyıda, görülmemiş şekilde büyük bir akrep bana doğru geliyor. Çok korkmuştum. Beni onun kötülüğünden koruması için Cenâb-ı Hakk'a sığındım. Akrep nehre vardığında sudan büyük bir kurbağa çıkıp akrebe doğru geldi. Akrep kurbağanın sırtına bindi ve suyun üzerinde yüzüp gittiler. Bu bana çok şaşırtıcı gelmişti. Ben de onları nehrin kenarında takip ettim. Nehrin karşı yakasına geçtiklerinde akrep, kurbağayı bırakıp dalları büyük, gölgesi çok olan bir ağacın yanına gitti.

Bir de baktım ki ağacın altında bir genç mışıl mışıl uyuyor. Kendi kendime "La havle ve la kuvvete illa billâh. (Bütün güç ve kuvvet Allah'tandır.) Bu akrep nehrin ötesinden buraya kadar, bu genci sokmak için geldi herhâlde." dedim ve akrep gence yaklaştığı zaman hemen akrebi öldürmeye karar verdim. Akrebe yakın bir yerde durdum. Bir de baktım ki karşıdan büyük bir yılan, genci öldürmek için ona doğru geliyor. Bu sırada akrep, yılanın üzerine hücum etti ve başını sokmaya başladı. Sonra da ölene kadar yılanın başını sokmaya devam etti. Yılan öldükten sonra akrep nehre döndü. Kurbağa da onu orada bekliyordu. Akrep tekrar kurbağanın sırtına binip nehrin öte yanına geçti. Ben de arkalarından bakakaldım.

Sonra gencin yanına geldim, o hâlâ uyuyordu, başucunda şöyle dedim:

– Ey uyuyan genç! Allah seni, sen fark etmesen de karanlığın içindeki her türlü kötülükten korur. Sen uyusan bile Allah uyumaz. O kullarına çok merhametlidir."

AZRÂİL'İN BAKIŞI

Hazreti Süleyman'ın sarayına kuşluk vakti saf bir adam telaşla girer. Nöbetçilere, hayatî bir mesele için Hazreti Süleyman ile görüşeceğini söyler ve hemen huzura alınır. Hazreti Süleyman Aleyhisselâm benzi sararmış, korkudan titreyen adama sorar:

– Hayrola ne var? Neden böyle korku içindesin? Derdin nedir? Söyle bana...

Adam telaş içinde cevap verir:

– Bu sabah karşıma Azrâil çıktı. Bana hışımla baktı ve hemen uzaklaştı. Anladım ki, benim canımı almaya kararlı.

– Peki, ne yapmamı istiyorsun?

Adam yalvarır:

– Ey canlar koruyucusu, mazlumlar sığınağı Süleyman! Sen her şeye muktedirsin. Kurt, kuş, dağ, taş senin emrinde. Rüzgârına emret de beni buradan ta Hindistan'a iletsin. O zaman Azrâil belki beni bulamaz. Böylece canımı kurtarmış olurum. Medet senden!

Hazreti Süleyman adamın hâline acır. Rüzgârı çağırır ve:

– Bu adamı hemen al. Hindistan'a bırak, emrini verir. Rüzgâr bu... Bir eser, bir kükrer. Adamı alır ve bir anda Hindistan'da uzak bir adaya götürür.

Öğleye doğru Hazreti Süleyman, divanı toplayarak gelenlerle görüşmeye başlar. Bir de ne görsün, Azrâil de topluluğun içine karışmış, divanda oturmaktadır. Hemen yanına çağırır:

– Ey Azrâil! Bugün kuşluk vakti o adama neden hışımla baktın? Neden o zavallıyı korkuttun, der.

Azrâil Aleyhisselâm cevap verir:

– Ey dünyanın ulu sultanı! Ben, o adama öfkeyle, hışımla bakmadım. Hayretle baktım. O yanlış anladı. Vehme kapıldı. Onu, burada görünce şaşırdım. Çünkü Allah bana emretmişti ki: "Haydi git, bu akşam o adamın canını Hindistan'da al!" Ben de bu adamın yüz kanadı olsa, bu akşam Hindistan da olamaz. Bu nasıl iştir, diye hayretlere düştüm. İşte ona bakışımın sebebi bu idi.

MÜMİN OLMAK İÇİN

Allah Resûlü buyurdular ki:

– Kişi dört şeye inanmadıkça mü'min olmuş sayılmaz: Allah'tan başka ilah olmadığına, benim Allah'ın kulu ve elçisi Muhammed olduğuma, beni Allah'ın bütün insanlara doğru ve gerçeklerle göndermiş bulunduğuna şahitlik etmezse, ölüme ve tekrar dirilmeye inanmazsa, kadere inanmazsa.

KADER

Allah Resûlü bir gün sahabîlerine; insanın erkek veya kadın olması, dünyaya geleceği zaman ve ülke, ömür süreceği müddet, anne ve babasının kim olacağı gibi hususları insanın bilemeyeceğini, bunun Allah'tan gelen bir kader olduğunu anlattı. Bu ve benzeri meselelerdeki ilâhi takdirin sırrını anlamaya çalışmak ile insanın geçmişini değiştirmesi mümkün olmadığından şeytanın kişiyi tuzağına düşürüp helâke götürebileceğini açıkladı ve şöyle buyurdu:

– Kaderin bu çeşidi hakkında konuşmayın. Çünkü kader, Allah'ın sırrıdır ve Allah'ın sırrını ortaya atıp yaymayın.

HAZRETİ HASAN'IN
MEKTUBU

Peygamber Efendimiz'in torunu Hazreti Hasan (radıyallahu anh) halife seçilince, kader konusunda tartışan Basralılara bir mektup göndermişti. Mektupta kısaca şöyle yazılıydı:

"Eğer, Allah yarattıklarını kendisine itaat etmeye zorlasaydı, onlardan yapılan iyiliklere karşı sevabı da kaldırırdı. Eğer isyana zorlasaydı onlardan cezayı da kaldırırdı."

GERİ DÖNÜŞÜMCÜLER

Yeryüzünde bugüne kadar kaç canlı öldü, kaç yaprak döküldü hiç düşündünüz mü?

Her canlı kendine takdir edilen süre boyunca yaşar ve sonra ölür. Ağaçlar, her ilkbaharda yeni yapraklar çıkarır ve sonbaharda bu yaprakları döker. Bunlardan başka insanların kullandığı besinlerin artıkları da tabiata atılır.

Hayatın yaratılışından beri ölen canlıların ve atıkların çevremizde önemli bir kirliliğe sebep olması gerekirdi. Hâlbuki tabiat bu atıklar yönüyle hep temizdir. Sizce çevremizde birikmesi gereken bu kadar atığı temizleyen kimdir?

Bu temizlikçiler tabiattaki geri dönüşümcülerdir. Geri dönüşümcüler; ölü, canlı, atık organik maddelerin, çöplerin yıkım ve parçalanmasını sağlayan bakteriler ve mantarlardır. Bu canlılara çürükçüller de denir. Yüce Yaratıcı, çürükçüllerin enzim sistemlerini mükemmel bir şekilde dizayn etmiştir.

Çürükçüller, ihtiyaç duyduğu besini ölmüş canlıların ve organik atıkların üzerine enzimleri bırakıp sindirilmiş besini emerek karşılarlar. Bu olay esnasında atık maddeyi tüketmiş olurlar.

Çürükçül mantarlar toprakta ya da sudaki bitki ve hayvan ölüleri üzerinde yaşarlar. Onların çürüyüp toprağa karışmasını sağlarlar. Ayrıca peynir, ekmek, patates, portakal, salça gibi besinlerin küflenmesini sağlayan küf mantarları da vardır. Bu besinleri zamanında tüketmezsek tabiatta ilâhî kudret tarafından kurulmuş sistem, bunların tekrar kullanılmak üzere geri dönüşüm işlemini başlatır.

Yeni ve taze besinlerin üretilebilmesi için topraktan alınan maddelerin tekrar toprağa dönmesi gerekir. Bizim için hoş görünmeyen, besinlerimizi israf ettiğini düşündüğümüz çürüme ve küflenme olayı, esasında tabiatta maddelerin tekrar kullanımını sağlayan mekanizmanın bir parçasıdır.

Çürükçül bakteriler, gözle görülmeyecek kadar küçük olmalarına rağmen yaptıkları iş çok önemlidir. Çürükçül bakterilerde de atık maddelerdeki organik moleküllerin inorganik moleküllere ayrılmasını sağlayan enzimler vardır. Bunlar leşlerin, insan ve hayvan dışkılarının ayrışmasını sağlar. Bu bakteriler, atıklardaki proteinlerin amonyağa dönüşmesini sağlayarak azot döngüsünde önemli rol oynarlar.

Tabiatın geri dönüşümcüleri, besin ve enerji ihtiyaçlarını karşılamak için atık maddeleri parçalarken farkında olmadan kendilerine yüklenen vazifeyi de yerine getirirler. Bu vazife, insanların ve diğer canlıların hayatlarını devam ettirmelerini sağlar.

Çürükçüllerin gerçekleştirdiği bu dönüşüm sonucu pis kokulu azot ve kükürt bileşikleri meydana gelir. Bununla birlikte tabiattaki toprak ve canlılar arasındaki madde akışı da gerçekleşir.

Çevremizde gördüğümüz hiçbir madde israf edilmez. Tekrar tekrar kullanılır. Şu an bizim vücudumuzu meydana getiren atomlar ve moleküller, daha önce pek çok canlının yapısında da bulunmuştur. Demek ki bizi biz yapan başka değerler var.

Çevremizde bozulmuş bir besin veya çürümekte olan bir leş gördüğümüzde onun ne kadar pis koktuğundan çok, çürümenin ve çürükçüllerin ne büyük bir nimet olduğunu düşünmeliyiz.

Hüseyin ÇAĞLAYAN

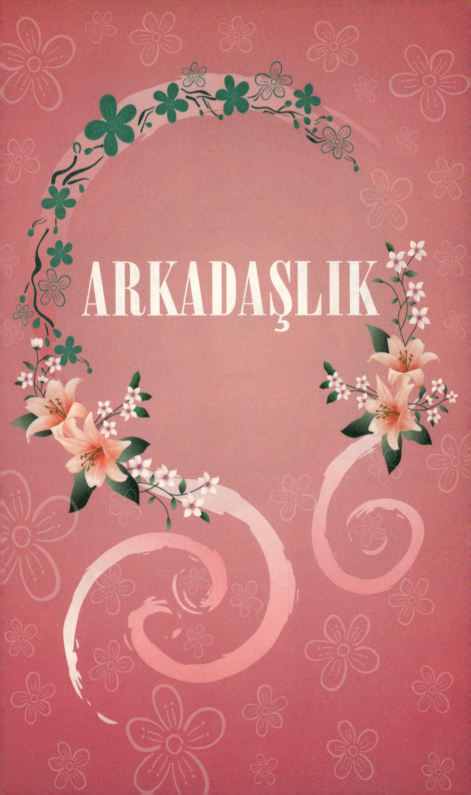

ARKADAŞLIK

SÖZ

Mehmet Âkif'in sözünde durmadığını gören olmamıştı. Sözün unutulması veya yerine getirilmemesini kendi adına ölüme eş görürdü.

Mithat Cemal, Mehmet Âkif'i görevinden istifa ettiği günlerdeyken ziyaret etmişti. Balkan Harbi'nin yaşandığı zor günlerde Âkif, geçimini sağlayacak yeni bir iş bulmuş değilken... Geçim gayet zor... Âkif'in tek geçim kaynağı memurluk da yoktu artık. Yaşadıkları evin kira olması sıkıntıyı artırıyordu. Günlerden cuma idi. Evde, Âkif'in beş çocuğundan başka, üç çocuk daha vardı. Mithat Cemal, daha önce geldiğinde de bu üç çocuğu evde gördüğünden dolayı aklındaki "Komşu çocuklarıdır." düşüncesi silindi. Merak etti ve Âkif'e,

– Bunlar kim, dedi.

Âkif de,

– Çocuklarım, dedi ve ardından da anlattı. Baytar Mektebi'nde iken bir arkadaşıyla, "Kim önce ölürse ölenin çocuklarına sağ kalan baksın." diye sözleşmişlerdi. Ve seneler sonra arkadaşı vefat edince Mehmet Âkif de verdiği söze bağlı kalarak anlaşmayı uyguluyordu.

Yıllar önce verilmiş bir söze sadık kalmakla Âkif, arkadaşlığın, vefanın nasıl olması gerektiğini gösteriyordu. Değişik mazeretlerin arkasına gizlenmek yoktu onun defterinde. Söz verilmişti ve cepte metelik bile olmasa o çocuklara bakılmalıydı.

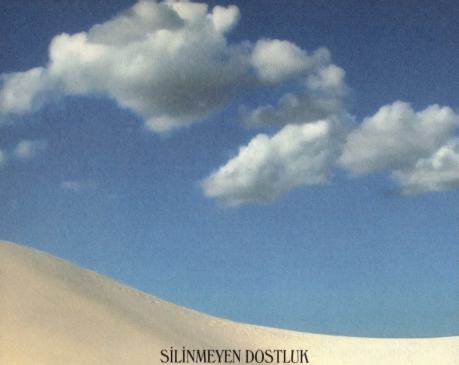

SİLİNMEYEN DOSTLUK

Birbirini candan seven iki arkadaş birlikte yolculuğa çıkmış. Ormanlardan, vadilerden, nehirlerden geçtikten sonra nihayet yolları bir çöle uğramış. İki arkadaşın çöldeki yolcukları uzun süre devam ettiğinden içlerinden birinin canı iyice sıkılmış. Can sıkıntısını gidermek, biraz neşelenmek için arkadaşının ensesine ansızın kuvvetli bir tokat atmış.

Yorgunluk canına tak ettiği sırada bir de arkadaşından kuvvetli bir tokat yiyerek şaşkına dönen diğer yolcu, kumlara, "Bugün en iyi arkadaşım bana tokat attı!" yazmış ve dostuna "Bana neden tokat attın?" demeden yoluna devam etmiş.

İki dostun bitmek tükenmek bilmeyen yolculuğu çölde devam ederken arkadaşından tokat yiyen yolcu, aniden ince kumlardan oluşan bir kum girdabına düşmüş. İşte tam bu sırada daha önce kendisine tokat atan arkadaşı imdadına yetişmiş. Tam kumlara gömülmek üzereyken arkadaşının elinden tutmuş ve onu kumlara gömülmekten kurtarmış.

Daha önce kendisine tokat atan dostunun kendisini kumlara gömülmekten kurtardığını gören yolcu bu sefer de çöldeki

bir taşa bıçağıyla, "Bugün beni en iyi arkadaşım ölümden kurtardı!" yazmış ve böyle bir arkadaşı olduğu için Allah'a şükretmiş.

Diğer yolcu ise arkadaşının bu defa kuma değil de bir taşa, "Bugün beni en iyi arkadaşım ölümden kurtardı!" diye yazmasına hayret etmiş ve ona,

– Sana daha önce tokat attığımda, "Bugün en iyi arkadaşım bana tokat attı!" sözünü kumlara yazmıştın. Seni bugün kumlara gömülmekten kurtarınca taşa, "Bugün beni en iyi arkadaşım ölümden kurtardı!" diye yazdın. Bunun sebebini öğrenebilir miyim, demiş.

Arkadaşı tebessüm ederek,

– Sen bana daha önce tokat attığın zaman öfkelenmeden kumlara "Bugün en iyi arkadaşım bana tokat attı!" diye yazdım ki esen dostluk rüzgârları bu sözümü silip götürsün. Beni kumlara, gömülmekten kurtardığın zaman "Bugün beni en iyi arkadaşım ölümden kurtardı!" diye taşlara yazdım ki hiçbir rüzgârın dostluğumuzu silmeye gücü yetmesin. Dostluğumuz sonsuza dek sürsün, demiş.

ŞAKA NEREYE KADAR

Murat, on bir yaşında, orta birinci sınıf öğrencisiydi. Hayatı kendi içinde yaşamayı seven, içine kapanık, duygusal bir çocuktu. O gün küçük ama çekingen adımlarla sınıfına doğru yürüyordu. Sınıfın yolu, gözünde gittikçe uzuyor, neredeyse ulaşılmaz bir hâl alıyordu. Alnından akan soğuk terler aklındaki düşünceleri kamçılıyordu: Murat sınıfa girmek istemiyordu. Arkadaşlarını görmek istemesine rağmen bugün keşke okul olmasa diyordu. Sınıftaki diğer öğrenciler ise Murat'ın sınıfa girmesini dört gözle bekliyordu. Bütün sınıf hazırlanmıştı. Murat sınıfa girince hep birlikte kahkahalarla gülecek, Murat'ın kendisinden şüphe etmesini, şaşırmasını sağlayacaklardı. Derken küçük adımlarıyla Murat, sınıfın kapısında göründü. Murat'ın görünmesiyle sınıfın kahkahalara boğulması bir oldu. Murat ilkin ne olduğunu pek anlayamadı. Neden sonra gözlerine hücum eden yaşlara engel olamadı ve hıçkıra hıçkıra ağlayarak sınıfı ve bütün arkadaşlarını terk edip gitti. Bir daha ne annesi ne de bir başkası onu okula göndermeyi başarabildi.

İrem ve Meltem, iki iyi arkadaştı. İrem o akşam on beşinci yaş gününü kutlayacaktı. Arkadaşı Meltem, İrem'e hayatı boyunca unutamayacağı bir doğum günü şakası yapmayı planlıyordu. Akşamüstü okul çıkışında İrem hiç beklemediği bir mesaj aldı. Cep telefonuna gelen mesajda babası, İrem'e bir sürprizi olduğunu ve akşam saat beşte Taksim Meydanı'nda onu bekleyeceğini yazıyordu. İrem, babasının harika bir insan olduğunu ve doğum günü için böyle bir sürpriz yapmış olabileceğini düşündü. Saatine baktı, saat dörttü. Hemen çıksa ancak yetişebilirdi. Hemen Maltepe'den bir otobüse binerek Kadıköy'e, oradan da Taksim'e geçti. Oraya planladığından evvel varmıştı. Henüz babasının verdiği saate on dakika vardı. Fakat ne o on dakika ne de sonraki dakikalarda babası gelmişti. İrem, hava kararmaya başlamış olmasına rağmen hâlâ Taksim Meydanı'nın ortasında babasını bekliyordu. İçini kaplayan korku gittikçe büyüyor, fakat telefonunun şarjı bittiği için kimseyi arayamıyordu.

Murat, o gün okula gitmek istemiyordu, çünkü okul pantolonu bir gün öncesinden yırtılmış ve o bunu annesine söylemeyi unutmuştu. Annesinin, Murat sabah okula giderken yırtığın farkına varması bir şeyi değiştirmemişti. Annesi Murat'a geçen seneki pantolonunu giymesini önermiş, Murat da o pantolonu çok küçük bulmuştu. Fakat o gün sınavı olduğundan başka bir çaresi de yoktu. Utana utana okula gitmiş ve sınıfa girerken arkadaşlarının hep birlikte ona gülmesine fena hâlde alınmıştı.

Meltem şaka olarak İrem'in telefonunu, o lavaboya gidince gizlice almış, İrem'in babasının numarasını silip, kendi adının kayıtlı bulunduğu yeri değiştirerek 'Babam' şeklinde kaydetmişti. Dolayısıyla İrem'e gelen mesaj babasından değil Meltem'dendi. Kızlarının geç saate kadar eve gelmemesi İrem'in ailesini çılgına çevirmiş ve durumu İrem'in en yakın arkadaşı Meltem'i arayarak öğrenmişlerdi. O gün Meltem en iyi arkadaşını kaybetti. Çünkü İrem o günden sonra Meltem'le hiç konuşmadı.

Hayatı renklendirmek elbette güzeldir. Ve şaka hayatımızı zevkli hâle getirmenin yollarından sadece biridir. Fakat her şeyde olduğu gibi bu konuda da ölçüyü çok iyi ayarlamak gerekir. Yoksa başkalarının özgürlüklerini kısıtlayan şakalar hayatı renklendirmek yerine çekilmez hâle getirebilir.

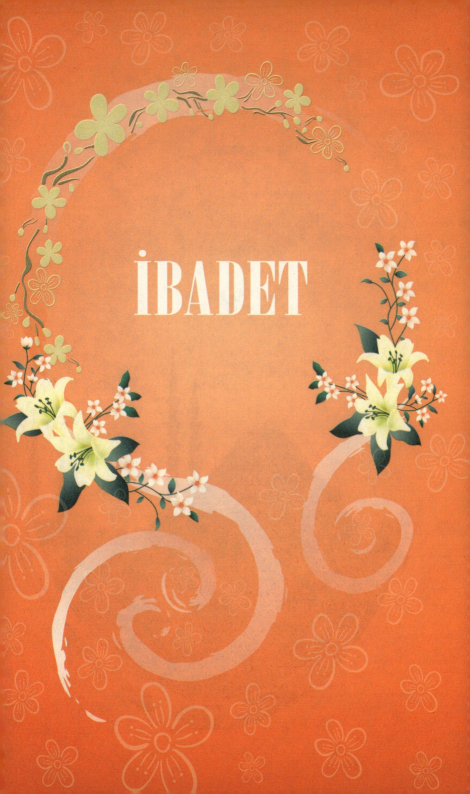

İBADET

EN BÜYÜK GÜZELLİK

İnsanın yaşadığı en büyük güzellik, onu Var Edeni tanıması, bilmesi, O'nun varlığına ve birliğine iman etmiş olmasıdır. İman ise ibadetle çok sıkı bağlantılıdır. İbadetler, imanın hem gıdası hem koruyucusudur. İman ibadetle beslenmediği takdirde her geçen gün zayıflar. İnsan, ibadete ne kadar çok sarılırsa imanı da o ölçüde güçlü olur. Çünkü dünya meşguliyetleri, bizi Allah'tan sürekli uzaklaştırır. İbadete yöneldiğimiz anda ise Allah ile aramızdaki mesafeler ortadan kalkar. Kendimizi Allah'ın huzurunda hisseder ve bu sayede rahatlarız. Rabb'imizin her an bizimle olduğunu ve bizi sevdiğini tekrar tekrar hatırlarız. Kalbimiz kötü düşüncelerden, organlarımız günah işlemekten korunur. Ne zaman bir günaha yönelecek olsak ibadet ile kazandığımız şuur bize: "Dikkat et, sana yakışmıyor! Rabb'in seni görüyor, O'nu gücendirme, O'nun sevgisi sana yeter!" diye seslenir.

Namaz kılarak, oruç tutarak, Kur'ân okuyarak kısacası ibadet ederek, kulluğumuzun farkına varırız. Kazandıklarımızla şımarmayız. "Sahip olduğum her şey Allah'ın ihsanı, hediyesi." deyip şükrederiz. Şeytana ve nefsine uyan ibadetsiz insan "Ne oldum?" diyerek böbürlenirken Allah'a ve ibadete yönelen insan "Ne olacağım?" der. Tedbirli yaşamayı ve hayatının her saniyesini iman sahibi biri olarak geçirmeyi öğrenir. Elinden geldiğince kuvvetli bir imana sahip olarak hayatını sürdürmeye gayret eder. Zaten Rabb'imiz Lokman Sûresi, 18. âyette şöyle buyurmaktadır:

"Küçümseyerek insanlardan yüz çevirme ve yeryüzünde böbürlenerek yürüme. Zira Allah, kendini beğenmiş övünüp duran kimseleri asla sevmez."

İbadet ederken kulluk vazifesini yerine getirmiş olmanın huzurunu yaşayan insanın ruh sağlığı da sağlam olur. İbadetler; kendini beğenme, böbürlenme, büyüklenme şeklinde ortaya çıkan ve adına nefsîlik, bencillik denen kötü duyguları terbiye eder. Büyük olanın daima Allah olduğunu hatırlatır.

İbadetlerimizi en güzel şekilde yerine getirebilmemiz, hangi durumda ne yapacağımızı en doğru hâliyle bilmemize bağlıdır.

İbadetlerle ilgili kuralları öğrenmeden önce bazı terim ve kavramları bilmemizde fayda vardır. Bu bölümümüzde bu terim ve kavramları sırayla ele alacağız.

Dinimiz İslâm'a göre, Allah'ın emirlerini yerine getirmekle ve haramlarından yani yasaklarından kaçınmakla sorumlu olan insana mükellef denir. Bir insan, dinin kurallarına göre mükellef yani sorumlu değilse o kişinin günahları yazılmaz. Mükellef olan ile olmayanın arasındaki fark budur. İyiliklerimizin sevapları çocukluğumuzdan itibaren, kötülüklerimizin günahı ise mükellef olduktan sonra yazılmaya başlar.

Peygamber Efendimizi Örnek Almalıyız

İbadetler, sünnet-i seniyyeyi (Peygamberimiz'in sünnetini) de bünyesinde barındırır. Cenâb-ı Allah, Kur'ân-ı Kerîm'de "Sen en büyük, en yüce ahlâk üzerindesin." (Kalem Sûresi, 4. âyet) buyurarak bizi, Peygamber Efendimiz'i örnek almaya yönlendirir. Allah Teâlâ, kendisi tarafından sevilen bir kul olmamızı; Peygamber Efendimiz'e, O'nun sünnet-i seniyye dediğimiz ahlâkına ve ibadet tarzına uymamıza bağlamıştır.

Günlük basit işlerimiz bile Peygamber Efendimiz'in sünnet-i seniyyesine uygun şekilde yaptığımızda birer ibadet olur. Meselâ yerken içerken, yatıp kalkarken "Bismillâh!" demek, yemeği sağ elle yemek...

Peygamber Efendimiz, "Benden nasıl gördüyseniz, namazı öyle kılın!" buyurmuştur. O'nun bu sözü oruç için de hac için de yeme içme, giyme, konuşma, ticaret için de geçerlidir. Kur'ân-ı Kerîm'de, "Ey Resûlüm, de ki: "Ey insanlar, eğer Allah'ı seviyorsanız, gelin bana uyun ki Allah da sizi sevsin ve günahlarınızı bağışlasın. Allah gafurdur, rahimdir (çok affedicidir, engin merhamet ve ihsan sahibidir)." (Âl-i İmrân Sûresi 31, âyet) "Kim Resûl'e itaat ederse Allah'a itaat etmiş olur." (Nisa Sûresi, 80. âyet) buyrulmuştur. Bu emirlere uyup ibadet edersek Peygamber Efendimiz'e de itaat etmiş oluruz. O'na itaatimiz çoğaldıkça da Allah'ın ahlâkı bizde tecelli eder. Çünkü Peygamber Efendimiz'in ahlâkı Allah Teâlâ'nın ahlâkıdır. Peygamber Efendimiz'in bize kusursuz bir örnek olabilmesi için Rabb'imiz, kendi güzel ahlâkını O'na fıtrî bir elbise gibi giydirerek bizlere göndermiştir.

NAMAZ

NAMAZ DİNİN DİREĞİDİR

Bir yolculuğa çıktınız. Bir süre yol aldıktan sonra arabanız bozuldu. Sizin yapabileceğiniz hiçbir şey yok. Oturup beklemeye başladınız. Sonra bir araba geldi. Yanınızda durdu. Arabadaki insan sizinle ilgilendi. Sizi şehre götürdü. Bir tamirci bulup arabanızı tamir ettirdi.

Size bu iyiliği yapan insana karşı nasıl davranırsınız? İşiniz bitince bir teşekkür bile etmeden, nankörlük yaparak çekip gider misiniz? Yoksa büyük bir memnuniyetle ona teşekkür mü edersiniz? Elbette ki teşekkür edersiniz.

Daha başka kimlere, niçin teşekkür ettiğimizi düşünelim. Bize yemek yapan annemize, harçlık veren babamıza; çay, kahve ısmarlayan, sınavda silgisini veren arkadaşımıza, sağlımızla ilgilenen doktorumuza; alışveriş yaptığımız bakkala, manava, kasaba...

Bir de bizi yoktan var eden, bizi kâinatın en şerefli varlığı olarak yaratan Allah'ın verdiği nimetleri düşünelim. O Zat'ın bizim için yarattığı eşsiz güzellikleri bir bir gözümüzün önüne getirelim.

Aklımızı hiçbir şeye değişir miyiz? Gözümüz ne kadar değerli? Ellerimiz, ayaklarımız, ağzımız, burnumuz.

Ya tabiat? Güneş, yıldızlar, bitkiler, türlü türlü meyveler, sebzeler, dağlar, denizler...

İnsan için bal yapan arı, bizim için süt veren inek, koyun; yine bizim için yağmur getiren bulut... Yüce Allah'ın bizim için verdiği nimetler saymakla bitmez.

Arkadaşımıza, en küçük bir iyiliği için teşekkür etmemiz gerekiyor da sayısız nimetler veren Allah'ımıza teşekkür etmemiz gerekmiyor mu? Bize iyilik edenlere nankörlük edince çok büyük hata oluyor da Yüce Allah'a teşekkür etmezsek çok daha büyük hata olmaz mı?

Allah'ın bize verdiği nimetlere karşılık yapmamız gereken şey, ona ibadet ederek teşekkür etmektir. Allah'ın emirlerini, sırf O'nun rızasını ve sevgisini kazanmak için yerine getirmek ibadettir.

Bütün ibadetlerin özü de namazdır. Çünkü namaz diğer bütün ibadetleri içine alır.

Peygamber Efendimiz bir hadislerinde, "Namaz dinin direğidir." buyurmuşlardır. Direk bir yapıyı, bir binayı ayakta tutan temel unsurdur. Namaz da bizim inancımızı diri ve sağlam tutar. Bir başka hadislerinde Peygamber Efendimiz, "Aralarında büyük günahlar işlenmedikçe, beş vakit namaz ve cuma namazı günahlara kefarettir." buyurarak namazın insanı günahlardan arındırmasına işaret etmiştir.

Namaz Kılmak Hem Çok Kolay Hem de Çok Kârlı Bir İştir

Allah bize bir gün için yirmi dört saat vermiş. Bu günün her bir saati bir altın değerindedir. Namaz kılmak insanın günde toplam bir saatini alır. Yirmi dört saatten bir saatini namaz için ayıran insan, bu bir saat karşılığında ebedî bir Cennet için yatırım yapmış olur.

Yirmi dört saatin yirmi üç saatini şu kısa, fâni dünya için harcayıp da bir saatini sonsuz bir hayat ve Cennet için vermeyen insan ne kadar zarar eder...

Namaz Allah'a İmandan Sonraki En Büyük Hakikattir

Allah, Kur'ân-ı Kerîm'de pek çok yerde imandan hemen sonra namazdan bahseder. Mü'minleri, "İman eden ve salih amel işleyen" insan olarak tarif eder. Salih amelin başı ise namazdır.

Namaz, Kur'ân-ı Kerîm'de 87 defa zikredilir.

Peygamber Efendimiz'in de vefat ederken vasiyeti şu idi: "Aman namaza sarılın! Bakmakla yükümlü olduğunuz kimselerin hukukunu gözetin." Sahabî efendilerimizden Enes ibn Malik diyor ki: "Son nefesini verene kadar dili döndükçe bunu tekrar etti."

Namaz Allah'a Bağlılığın Göstergesidir

Yüce Allah en başta namazı emreder. O'nun kulu olan, O'nun sevgisini kazanmak isteyen O'nun biricik isteğini yerine getirmez mi? Melekler ve peygamberler başta olmak üzere bütün nuranî şahsiyetler, veli insanlar, en büyük şerefi Allah'a bağlılıkta bulmuşlar ve bunu da namaz kılarak göstermişlerdir.

Peygamber Efendimiz, sabahlara kadar namaz kılmaktan ayakları şişince neden böyle yaptığını soranlara, "Allah'a çok şükreden bir kul olmayayım mı?" diye cevap vermiştir.

Namaz Kılmak Allah'a Dayanmaktır

İnsan, gayet âciz, güçsüz ve muhtaç olarak yaratılmıştır. Bundan dolayı mutlaka en büyük, sonsuz güç ve kudret sahibi, hiçbir şeye muhtaç olmayan Allah'a dayanmak, O'na bağlılığını ortaya koymak zorundadır. Bu da namazı kılmakla olur. İnsan, günde beş defa namazla Allah'ın huzuruna varıp kulluğunu ilan eder.

İLK ÖĞRETİLEN

Ebû Malik el-Eşcaî (radıyallahu anh) babasından naklen anlatmıştı:

– Allah Resûlü'nün, bir adam Müslüman olduğunda ona ilk öğrettiği şey namazın nasıl kılınacağı olurdu veya ashabından birine "Buna namazı öğret." diye görev verirdi.

GÖRMEDİKLERİNİ NASIL TANIYACAKSIN

Sahabîleri bir gün Efendimiz'e sordular:

– Ey Allah'ın Resûlü! Ümmetinden görmediğin kimseleri kıyamet günü nasıl tanıyacaksın? Peygamberimiz şu cevabı verdi:

– Ümmetim, abdest almalarından dolayı alınlarında nur, kollarında nur, ayaklarında nur taşıyacaklar. Onları abdest uzuvlarındaki bu nurlarla tanıyacağım.

SUYLA AKAN GÜNAHLAR

İslâmiyetin ilk dönemleriydi. Medine halkından Amr adında biri Mekke'de yeni bir dinin ortaya çıktığını duymuştu. Bu dini çok merak ediyordu. Bu dini ve peygamberini tanımak için Mekke'ye doğru yola koyuldu. Oraya vardığında da ilk iş olarak Hazreti Muhammed'i (sallallahu aleyhi ve sellem) buldu. O sıralar Efendimiz, İslâm'ı gizlice yaymaya çalışıyordu. Amr, O'nu bir süre izledi. O'nun davranışlarının, sözlerinin ve Kur'ân'dan okuduğu âyetlerin bir benzerini şimdiye kadar hiç duymamıştı. Hemen Müslüman oldu ve Mekke'de biraz daha kalarak İslâm hakkında temel bilgileri öğrendi. Sonra da oradan ayrılarak memleketine döndü.

Daha sonra Müslümanlar Mekke'den Medine'ye hicret ettiler. Peygamberimiz'in Medine'ye gelişinden sonra Amr hemen O'nun ziyaretine geldi ve,

– Ey Allah'ın Resûlü! Beni hatırladınız mı, dedi.

Kâinatın Efendisi,

– Evet! Sen bana Mekke'de gelen kişi değil misin, diye cevap verdi.

Bunun üzerine Amr,

– Evet, Ey Allah'ın Resûlü! Allah'ın sana öğrettiği ve benim bilmediğim şeylerden haber ver. Mesela bana namazdan bahset, dedi.

Peygamberimiz de hangi vakitlerde, nasıl namaz kılacağını ona öğretti.

Amr,

– Ya Resûlullah! Bana abdestin nasıl alınacağını da açıklasanız, deyince Efendimiz şöyle buyurdular:

– Sizden kim abdest suyunu hazırlar ağzına ve burnuna su verirse mutlaka yüzünden, ağzından, burnundan bu azalarla yaptığı hataların günahı dökülür. Sonra Allah'ın emrettiği şekilde yüzünü yıkarsa yüzünün etrafından akan su ile birlikte yüzü ile işlediği günahlar dökülür. Sonra dirseklere kadar kollarını yıkayınca ellerinin günahları su ile birlikte parmak uçlarından dökülür gider. Sonra başını mesh edince, başının günahları saçın etrafından su ile birlikte akar gider. Sonra topuklarına kadar ayaklarını yıkayınca ayaklarının günahları, parmak uçlarından su ile birlikte akar gider. Sonra kalkıp namaz kılar, Allah'a hamd ve senada bulunup kalbinden Allah'tan başkasının korku ve muhabbetini çıkarırsa; annesinden doğduğu gündeki gibi olur. Bütün günahlarından arınır.

DÖKÜLEN YAPRAKLAR

Sahabeden Ebû Osman ile Selman bir ağacın altında oturuyorlardı. Selman ağaçtan kuru bir dal kopardı. Sonra da dalı yaprakları dökülünceye kadar salladı. Ebû Osman hayretle onu takip ediyordu. Selman,

– Ey Osman! Niçin böyle yaptığımı sormayacak mısın, dedi.

O da,

– Nedenmiş, diye sordu.

Selman anlatmaya başladı:

– Bir gün Peygamber Efendimiz ile böyle bir ağacın altında oturuyorduk. Resûlullah benim yaptığım gibi ağaçtan kuru bir dal kopardı. Ve dalı yaprakları dökülünceye kadar salladı. Sonra bana dönerek,

– Selman, dedi. Neden böyle yaptığımı sormayacak mısın?

Ben de,

– Neden öyle yapıyorsun Ey Allah'ın Elçisi, dedim.

– Bir Müslüman güzelce abdest alır ve beş vakit namazı kılarsa günahları işte bu yapraklar gibi dökülür, buyurdu. Ardından şu âyeti okudu:

– Gündüzün iki ucunda, gecenin de ilk saatlerinde namaz kıl. Çünkü iyilikler kötülükleri giderir. (Hud Sûresi, 114. âyet) İşte bu, ibret alanlara bir öğüttür.

İLK NAMAZ

Galiba yine böyle bir kıştı. Onun odasına bitişik olan küçük odamdaki küçük karyolamda uyurken bir öpücük gibi alnımı okşayan nazik eliyle, nazik ince parmaklarıyla saçlarımı tarayarak,

– Haydi, Ömerciğim kalk, demişti. Kalk, haydi yavrucuğum.

Ben gözlerimi açmıştım. Köşedeki küçük yazıhanemin üzerinde yanan küçük gece kandili -ah, bunu unutamam, bu bir kedi kafası idi- iki pencereli olan odamın beyaz, muşamba perdelerinin esmerliklerini aydınlatıyor ve yeşil camdan gözleriyle bakıyordu.

– Fakat anneciğim, demiştim. Daha gece...

Her vakit öptüğü yerden, sol kaşımın ucundan tekrar öperek,

– Yok, yavrucuğum, saat beş, sonra vakit geçer, diye koltuklarımdan tutarak kaldırdı.

İçi fanilâlı küçük terliklerimi giyerek ve gözlerimi yumruklarımla ovuşturarak onu takip ettim. Karanlık sofadan bir anda geçerek odasına girdik. Bağdaş kurmuş bir zenciye benzeyen siyah ve alçak soba gürüldeyerek yanıyordu.

– Aaa... Pervin de kalkmış...

Pervin hizmetçimizdi, elindeki sarı güğümü sobanın üzerinden indiriyordu. Onun kalkacağına hiç ihtimal vermezdim. Annem demişti ki:

– Pervin her sabah kalkar.

Ben hiç kalkmadığım hâlde onun her sabah kalkmasına şaşırdım.

Hırkamı çıkardılar, kollarımı sıvadılar, abdest leğeninin yanına çömeldim. Anneciğim,

– Öyle yorulursun, diye küçük bir iskemleyi altıma koydu, ona oturdum.

– Haydi, besmele çek...

Pervin ılık suyu ellerime döküyor, annem başucumda. "Yüzünü... Kollarını, yine üç defa..." diye fısıldıyor, unuttukça "Aaa, hani başına mest..." gibi uyarılarla yanlışlarımı bana tekrar ettiriyordu. Abdest bitince annemle beraber yavaş bir sesle namaz dualarını okuyarak kollarımı ve yüzümü kuruladık. Pervin de ayaklarımı kuruladı. Çoraplarımı giydirdi. Isınmak için sobanın önüne gitmiştim. Arkama dönünce, annemi, tiftik seccadeyi açıyor gördüm... Sonra başına yeşil başörtüsünü örterek beni çağırmıştı:

– Gel...

Gittim. Küçücük ben, onunla bir seccadede, bir yavru samimiyet ve saadetiyle o tatlı, hassas anne vücudunun yanında durdum. İki söz ile bana, yapacağımı, önceden öğrettiklerini tekrar etti:

– İki rekât sünnet... Gece öğrendiklerini, okunuşları unutmadın ya?

– Hayır...

– Haydi...

O, başlangıç tekbirini ellerini omuzlarına kaldırarak kadın gibi yaparken ben de gayriihtiyarî onu taklit etmiştim. Sünneti bitirdikten sonra, bana, gözlerinin tatlı ve tesirli bir tebessümü ile gülerek,

– Yavrum, demişti. "Sen kadın mısın? Kadınlar öyle başlar, sen erkeksin, ellerini kulaklarına götüreceksin."

Sıcacık elleriyle benim küçük ellerimi kulaklarıma kaldırıp,

– İşte böyle, diyerek erkek başlangıç tekbirini öğretti.

Ömer SEYFETTİN

ANNEMİN SECCADESİ

Evimizin içinde
Evimizden de büyük
Bir bahçedir
Annemin seccadesi.

Günde beş kez
Sulanır
Arı duru dualarla
Bu bahçe hiç solmaz.

Vahap AKBAŞ

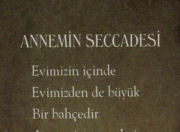

DUA

Dua, Yüce Allah'a yürekten, büyük bir aşkla, sevgiyle hamd ve senada bulunmaktır. "Rabb'im, yeri ve göğü yaratan Sen'sin, içimden geçenleri bilen Sen'sin, içime iman ve emniyeti yerleştiren Sen'sin, gönlümü isteklerle dolduran ve buna karşılık Cennet'i şimdiden donatan Sen'sin. Bülbülü şakıtan, güle rengini veren yine Sen'sin..." şeklinde bütün kâinatta meydana gelen olayları sayıp hepsini Yüce Allah'a dayandırmak, onların hepsinin Yüce Allah'ın emrinde olduğunu büyük bir yakarışla, şükürle ifade etmektir.

Dua, Allah'ın rahmet ve ihsan hazinesinin kapılarını açan bir anahtardır. İnsan, dua anahtarı ile bu hazineyi kendine açtırarak ondan istifade eder.

Allah Dua Etmemizi İstiyor mu?

Dua, Allah'ın bizden istediği en önemli ibadetlerden biridir. Allah, insanın dua ile anlam kazandığını, dua olmadan insanın hiçbir şey ifade etmediğini şu âyetle anlatır: "De ki: Duanız olmazsa Rabb'im size ne diye değer versin ki?" (Furkân Sûresi, 77. âyet) Allah, bu âyetle bize duası olmayanın hiçbir değeri yok, demektedir.

Peygamber Efendimiz de duanın çok önemli olduğunu, "Dua, kulluğun özüdür, beynidir, temelidir." diyerek vurgulamış ve Allah'ın, dua etmeyen insanı hoş görmediğini şu hadisiyle anlatmıştır: "Kendisine dua etmeyen kula Allah gazap eder."

Dua Eden İnsan Aslında Ne Demek İstiyor?

Bütün kâinatı yaratan ve ona hükmeden kuvveti sonsuz biri var ki benim en küçük ihtiyaçlarımı bilir, en gizli işlerimden, içimde gizlediklerimden haberdardır. Benim gerçekleşmesi güç isteklerimi, dilerse anında gerçekleştirebilir. Çünkü o Yüce Zât, benim her hâlimi biliyor, her söylediğimi işitiyor.

Aynı zamanda, canlı cansız bütün varlığın seslerini işitip dertlerine derman olan bir Zât var ki benim de sesimi işitmektedir. O Yüce Zât madem bütün varlığın istek ve ihtiyaçlarını biliyor, görüyor ve yerine getiriyor, öyleyse ben de her türlü ihtiyaç ve isteklerimi büyük bir yalvarış ve yakarış dolu şu samimi hâlimle O'na arz ediyorum.

O'nun rızası olmadan, en küçük ve basit bir şeyin gerçekleşmeyeceğine inanıyor, en küçük işlerimin bile halledilmesini O'ndan bekliyorum. Evet, duanın en güzel, en hoş, en lezzetli meyvesi ve sonucu şudur: Dua eden insan bilir ki, birisi var; sesimi dinler, derdime derman olur, bana merhamet eder, gücü her şeye yeter. Şu koskoca dünyada yalnız değilim, çok kerim bir Zât var ki sürekli beni koruyup kollamaktadır.

İnsanın Duası İki Kısımdır

Bir isteğimizin gerçekleşmesi, bir işimizin olması için yaptığımız çalışmalar, sarf ettiğimiz çabalar da bir tür duadır.

Yarın zor bir sınavımız var. Sınavdan iyi not almanın birinci şartı, o sınava yeterince çalışmaktır. Sınavdan yüksek not almak için yaptığımız bütün çalışmalar dua yerine geçer. Bu dualar fiilî duadır. Bir işin fiilî duası mutlaka yapılmalıdır.

Sınava yeterince çalışıp sebepleri yerine getirdikten sonra sözlü olarak "Allah'ım, beni sınavda başarılı eyle, işimi kolaylaştır, zihnimi açık tut." demek ise sözlü duadır.

Müslüman, bir işin gerçekleşmesi için bütün gerekenleri yapar, sebepleri yerine getirir. Çünkü dünyada bir işin gerçekleşmesi için sebepler gereklidir. Allah, dünyayı sebepler üzerine kurmuştur. Sonra da her şeye gücü yeten Yüce Allah'a duada bulunur. Unutmayalım ki sebepleri de yaratan Allah'tır. Bizler fiilî duayı da sözlü ve kalbî (gönülden) duayı da en mükemmel biçimde yerine getirmeliyiz.

Bütün Dualar Kabul Olur mu?

Dualarımızın kabul edilmeyeceğini düşünmek son derece yanlıştır. Çünkü Allah Kur'ân-ı Kerîm'de, "Bana dua edin ki, duanıza karşılık vereyim." buyurmaktadır. (Mü'min Sûresi, 60. âyet) Dua, eğer şartlarına uygun yapılmışsa muhakkak kabul görür. Ancak kabul ediliş biçimi bizim istediğimizin aynısı olmayabilir. Bazen bizim istediğimiz, bizim için hayırlı olmadığından Allah'ın bir lütfu olarak Cenâb-ı Hakk bize istediğimizi değil de esas istememiz gerekeni, yani bizim için daha hayırlı olanı verir. Çünkü bizi, bizden daha iyi bilen Allah'tır. Bizim için en hayırlısı onun takdir ettiğidir.

Bu konuyu bir örnekle anlatacak olursak:

Bir çocuk, doktora gidip dese ki: "Ben şu ilacı istiyorum." Doktor o ilacı hemen ona verir mi? Tabii ki vermez. Ne yapar? Onu güzelce muayene eder. Hastalığını teşhis eder. Bundan sonra doktorun önünde üç seçenek vardır:

Birincisi: Çocuğun istediği ilaç hastalığına uygundur. Onu iyileştirecek bir ilaçtır. Onun istediği ilâcın aynısını verir.

İkincisi: Çocuğun istediği ilaç hastalığına uygun değildir. Doktor, ona gerekli olan başka ilaç yazar.

Üçüncüsü: Çocuğun ilâca ihtiyacı yoktur. Ona hiç ilaç vermez.

Dua eden insan da doktordan ilaç isteyen çocuğa benzer. Biz Allah'tan dua yoluyla bir şeyler isteriz. O, bize ya istediğimizi verir ya da bizim için gerekli olanı verir veya istediğimiz şey bizim zararımızadır, hiç vermez. Bizi yaratan, her şeyi bilen yalnız Yüce Yaratıcıdır.

Bazen insan dünyadaki bir ihtiyacı için dua eder. Allah onu bu dünya için değil de âhiret için kabul eder.

"Duamızı, Allah kabul etmedi." diyemeyiz. "Daha iyi bir şekilde âhiret için kabul etti." deriz. Çünkü dünya geçici; âhiret ise kalıcı ve ebedîdir.

Dua Ederken Nelere Dikkat Edelim?

Duayı, samimi, katıksız, lekesiz duygularla ve anlayışla yani sırf Allah için yapmak,

Dua sırasında bütün varlığımız ve benliğimizle Yüce Allah'a yönelmek,

Duada ısrarcı olmak,

Duada tevbe etmek,

Duaya şükür ve tesbih ile başlamak,

Duanın başında ve sonunda Peygamber Efendimiz'e salât ve selâmda bulunmak.

Gönüller Sultanı Peygamber Efendimiz'in Dualarından

Allah'ım! Benimle günahlarımın arasını, doğu ile batının arasını ayırdığın gibi ayır.

Allah'ım! Şu anda ve gelecekte bildiğim ve bilmediğim bütün iyilikleri Sen'den ister, şu anda ve gelecekte bildiğim ve bilmediğim bütün kötülüklerden Sana sığınırım.

Allah'ım! Cennet'i ve Cennet'e götürecek söz ve işleri Sen'den ister, Cehennem'den ve Cehennem'e sürükleyecek söz ve hareketlerden Sana sığınırım.

Allah'ım! Benim için takdir ettiğin her şeyin sonunun hayır olmasını Sen'den, Sen'in merhametinden dilerim. Ey merhamet edenlerin en merhametlisi!

Allah'ım! Bütün işlerimi düzeltmeni, bir an bile beni kendi başıma bırakmamanı, rahmetine sığınarak Sen'den isterim.

Allah'ım! Sen benim Rabb'imsin. Sen'den başka ibadete lâyık mâbûd yoktur. Beni yaratan Sen'sin. Ben Sen'in kulunum, gücümün yettiği kadar Sana verdiğim söz ve ahit üzerindeyim. Verdiğin nimetlere şükreder, yaptığım kötülüklerden ve kusurlarımdan Sana sığınırım. Günahlarımı mağfiret eyle, Sen'den başka mağfiret eden yoktur.

Allah'ım! Söz ve işlerin güzelini ve bütün iyilikleri, kötülüklerden uzak kalmayı, yoksulları sevmeyi Sen'den isterim. Sen'i sevmeyi, Sen'i seveni sevmeyi ve sevgine yaklaştıracak her ameli sevmeyi Sen'den isterim. Günahlarımı bağışlamanı, bana merhamet etmeni Sen'den isterim.

Allah'ım! Nebin Hazreti Muhammed'in (sallallahu aleyhi ve sellem) Sen'den istediği her hayrı Sen'den istiyor, yine nebin Hazreti Muhammed'in (sallallahu aleyhi ve sellem) Sana sığındığı her şeyden de Sana sığınıyoruz.

KARINCANIN DUASI

Hazreti Süleyman Aleyhisselâm yağmur duasına çıkmıştı. Giderken de çoluk çocuk kim varsa hepsini yanında götürmüş, ayrıca herkes evindeki hayvanlarını da yanına almıştı. Orada herkes, Cenâb-ı Hakk'ın rahmetine ulaşmak için kendi diliyle dua ve yakarışta bulunacaktı.

Hazreti Süleyman ve yanındakiler yolda giderken, bir manzara Süleyman Aleyhisselâm'ın dikkatini çekti. Sırtüstü yatmış büyükçe bir karınca, antenlerini el gibi kullanarak havaya kaldırmış ve kendi diliyle bir şeyler söylüyordu. Hazreti Süleyman dikkat kesildi ve karıncanın şu şekilde dua etmekte olduğunu duydu:

– Allah'ım, ben senin yarattıklarından bir canlıyım. Senin vereceğin rızıkla yaşıyorum. Eğer bize su gönderirsen sulanırız, rızıklanırız. Vermezsen gayrı ne diyeyim. Sen Rahmansın, Rahimsin! Acıyansın! Bundan böyle ya su gönderir bizi yaşatırsın ya da biz böyle helak olur, gideriz. Sen bilirsin Yarabbi!

Hazreti Süleyman, karıncanın bu içli feryadını duyunca etrafındakilere şöyle dedi:

– Artık geriye dönün. Sizin duanızdan başka bir dua sebebiyle Allah yağmur gönderecektir.

HEM DUA HEM İLAÇ

Yaşlı bir kadının devesi uyuz olmuştu. Deve ölürse kadının bütün işleri altüst olacak, bağına, bahçesine giderken eşyasını yükleyecek vasıtadan mahrum kalacaktı. Bunun için günlerce düşünmüş, hatırına bir tedbir gelmemişti. Durmadan dua ediyor, devesini kurtarmasını Allah'tan diliyordu.

Bir gün yine kıra çıkardığı devesinin ot yemeyip, su içmediğini, iskelet hâline geldiğini görünce üzüntüsü bir kat daha arttı, başladı ağlamaya. Hem ellerini açmış dua ediyor hem de durmadan ağlıyordu. İşte bu sırada Peygamberimiz (sallallahu aleyhi ve sellem) ashabıyla birlikte oradan geçmekteydi. Yaşlı kadının ağladığını görünce sordu:

— Ey Allah'ın kulu, niçin gözyaşı döküp ağlıyorsun?

Kadın titrek sesle cevap verdi:

— Niçin olacak? Devem için. Devem benim her şeyim. Ya ölürse hâlim ne olur? Yakalandığı hastalıktan onu kurtarması için Rabb'ime günlerdir el açıp dua ediyorum, fakat bir türlü kabul edilmiyor.

Tebessüm eden Allah Resûlü şöyle cevap verdi:

— Kabul olmasını istiyorsan duana biraz da katran kat, katran!

Kadın düşünmeye başladı. Ne demekti duasına katran katmak? Nihayet anlar gibi oldu. Bu defa gidip komşulardan katran bulan kadın, uyuz devesine önce iyice bir katran sürdü. Bundan sonra da ellerini açıp duaya başladı. Katranla, uyuz sivilcelerindeki mikroplar bütünüyle ölmüş, böylece deve hastalıktan kurtulmuştu.

Bundan sonra anlaşıldı ki bir hastalığın iyi olması için sadece el açıp dua etmek yeterli değildir. Ayrıca ilacını da ihmal etmemek şarttır. Resûlullah kadına bunu söylemek istemiş, meseleyi anlayan kadın da tavsiye edileni uygulayarak devesini kurtarmıştı.

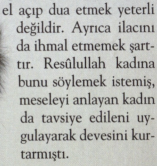

EN BÜYÜK ÇEVRECİ

Yeşillikler içinde güzel bir çevrede yaşamayı herkes arzu eder. Temiz hava, masmavi gökyüzü, yemyeşil ortam insanı dinlendirir. Bu yüzden dağlara çıktığımızda, kırlara, pikniğe gittiğimizde içimiz ferahlar.

Çevremize dikkatle baktığımızda, canlı ve cansız bütün varlıkların mükemmel bir uyum içerisinde yaratılmış olduğunu görürüz. Çevreyi meydana getiren asıl unsurlar hava, su ve topraktır. İnsan yaşamak için çevreden istifade eder; havayı, toprağı ve suyu kullanır. Fakat bu unsurlar kirlendikçe çevre günden güne bozulur ve yeşillikler içinde yaşamak neredeyse hayal olur. Tahrip edilmiş bir çevre, insanın hem kendisi hem de diğer canlılar için büyük tehlike oluşturur.

Hâlbuki çevreden istifade ettiğimiz kadar onu korumamız da gerekir. Allah, bütün varlıkları özenle yaratıp hizmetimize sunmuştur. Onlara saygı göstermek Allah'a olan inancımızın bir gereği olmalıdır. İşte bu yüzden inanmış bir insan, çevresini güzelleştirmek için bir çaba içinde olur, kasten onu kirletip tahrip etmez. Dinimiz, Müslüman'ın yaşadığı çevreyi koruyup güzelleştirmesiyle ilgili çok önemli tavsiyelerde bulunmuştur.

Sevgili Peygamberimiz, "Bir Müslüman bir ağaç ve bitki diker de onun meyvesinden insan ya da hayvan yerse o yenilen şey, ağacı diken şahıs için sadaka olur." buyurarak çevreye katacağımız güzelliklerden dolayı Allah tarafından sevilen bir iş yapmış olacağımızı ve sevap kazanacağımızı belirtmiştir.

Çevrenin korunmasında en önemli husus insanın duyarlı olmasıdır. Çünkü ekolojik dengeyi bozmadan devam ettirmek, yine onu kullanan insana ait bir görevdir. Etrafını kirleten biri, sadece insanların değil o çevrede yaşayan böcek, kuş, kedi gibi her türlü hayvan, ot ve ağaç gibi her türlü bitkinin bundan zarar gördüğünü düşünmelidir.

Peygamber Efendimiz, "Müslüman, diğer Müslüman kardeşlerinin elinden ve dilinden zarar görmediği kimsedir." diye buyurarak bir insanın bir başkasına hiçbir şekilde zarar vermemesi gerektiğini çok açık bir şekilde ifade etmiştir.

Mesela Allah'a inanan ve yaratıklara saygılı bir insan, Peygamberimiz'in sözüne uyar ve çöplerini rastgele çevreye atmaz. Bu kişi bir iş adamı ise fabrikasında da çevreye hiç zarar vermeyen sistemler kullanmaya çalışır, atıklarını arıtır. Bu bilince sahip bir kişi; hava, su gibi maddeleri, elindeki kaynakları israf etmeden kullanır.

Dinimiz, bir mü'minden çevreye faydalı olma adına her fırsatı değerlendirmesini istemektedir. Hatta insan, çok zor durumda bile olsa bu vazifeyi yerine getirmelidir. Bununla ilgili olarak Peygamberimiz, "Kim ki elinde bir fidan olduğu hâlde kıyametin kopacağını duysa onu diksin." buyurmuştur. Hâlbuki kıyamet anı, insanın kendinden başka hiçbir şey düşünemeyeceği bir zaman dilimidir. Bu sözü ile Peygamber Efendimiz bütün insanlığa çevre konusunda çok büyük bir hedef koymuştur. Bu hedefi kavrayıp ona göre hayatımızı düzenlemeliyiz. Evet, en zor anında bile elindeki fidanı toprağa dikecek bir kişi, rahat olduğu zamanlarda çevre ve insanlık adına neler yapmaz ki!

Peygamber Efendimiz çevre konusunda hayatıyla çok güzel örnek olmuştur. Medine'nin çevresini ağaçlandırma çalışmalarını başlatmış, kendi eliyle fidanlar dikmiştir. Peygamberimiz hayvanlara da çok merhametli davranmıştır. Yanındakileri de bu konularda uyarmış, canlılara Allah'ın bir emaneti gibi özenle davranmayı öğütlemiştir.

İnsanlığa ve çevreye bu kadar büyük önem veren ve onu daima güzelleştirmeyi öğütleyen bir dinin mensupları olarak bizler, davranışlarımızı kontrol etmeli, dinimizin öngördüğü gibi çevreye saygılı kişiler olmalıyız.

BÜYÜKLERE
SAYGI
HOŞGÖRÜ

EBÛ KUHAFE

Mekke'nin fethi sırasında Mekke'ye kadar Peygamber Efendimiz'in sağ tarafında yürüyen ve O'nun yanından hiç ayrılmayan Hazreti Ebû Bekir, bir ara gözlerden kaybolmuştu. Bir süre sonra onun, babası Ebû Kuhafe ile birlikte Mescid-i Haram'a doğru yürüdüğünü gördüler. Hazreti Ebû Bekir, yaşlı ve âmâ olan babasını elinden tutmuş Peygamberimiz'in yanına getiriyordu. Ebû Kuhafe, o zaman henüz Müslüman olmamıştı. Peygamberimiz onu görünce,

– Yaşlı adamcağızı evinde bıraksaydın, buraya kadar yormasaydın da kendisinin yanına ben varsaydım olmaz mıydı, buyurdu.

Hazreti Ebû Bekir de,

– Ya Resûlullah! Senin ona kadar yürümenden, onun sana kadar yürüyüp gelmesi daha uygundur, dedi.

Ebû Kuhâfe yanına gelince Peygamberimiz, onu önüne oturtup göğsünü sıvadı. Sonra da ona,

– Ey Ebû Kuhafe! Müslüman ol, selâmete er, buyurdu.

Bunun üzerine Ebû Kuhafe, hemen şehadet getirdi ve Müslüman oldu.

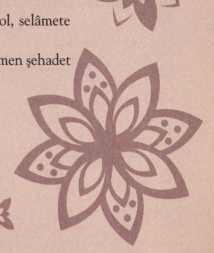

BÂYEZİD-İ BİSTÂMÎ HAZRETLERİ

Bâyezid-i Bistâmî Hazretleri'nin ileride büyük bir insan olacağı küçüklüğünde belliydi. Nitekim Şakîk-i Belhî Hazretleri bir gün, onu çocukluğunda arkadaşları ile oynarken görmüş, "Bu çocuk büyüyünce zamanın en büyük velîsi olacak." buyurmuştu.

Âlimlerden bir zat, yine bir gün Bâyezid Hazretleri'ni görünce çok sevmiş, zekâ ve anlayışını ölçmek için,

– Güzel çocuk, namaz kılmasını biliyor musun, diye sormuştu.

Bâyezid-i Bistâmî de,

– Evet, Allah dilerse, becerebiliyorum cevabını vermişti.

O âlim zat,

– Nasıl, diye sordu.

Bâyezid Hazretleri de,

– Rabb'imin emrini yerine getirmek üzere tekbir alıyor, Kur'ân-ı Kerîm'i tane tane okuyor, ta'zim ile rükûya gidiyor, tevazu ile secdeye ediyor, vedâlaşarak selâm veriyorum, dedi.

O zat bu tarife hayran kalarak,

– Ey sevimli ve zeki çocuk! Sende bu fazilet ve derin anlayış varken insanların gelip başını okşamasına niçin izin veriyorsun, diye sordu.

Bâyezid Hazretleri, bu soruya da yaşından umulmayacak hâkimâne bir cevap verdi. Buyurdu ki:

– Onlar beni değil, Allah Teâlâ'nın beni süslediği o güzelliği meshediyor, okşuyorlar. Bana ait olmayan bir şeye dokunmalarına nasıl mâni olabilirim.

NE SEN GÖRECEKSİN NE DE BEN

Sultan İkinci Murad bir gün Hacı Bayram Veli'yi ziyarete geldi. Yanında oğlu Mehmet (geleceğin Fatih'i) de vardı. Henüz dört yaşındaydı. Şehzade Mehmed, Hacı Bayram Veli'nin elini öptü. Sohbet sırasında Sultan İkinci Murad,

– Efendim! Allah'ın izni, erenlerin himmetiyle İstanbul'u almak istiyorum. Dua buyurun da Allah muvaffak etsin, deyince Hacı Bayram Veli Hazretleri padişaha şu cevabı verdi:

– Allah ömrünüzü ve devletinizi uzun etsin. Ama İstanbul'un alındığını ne sen göreceksin, ne de ben.

Daha sonra da yanındaki Akşemseddin ile küçük Mehmet'i göstererek,

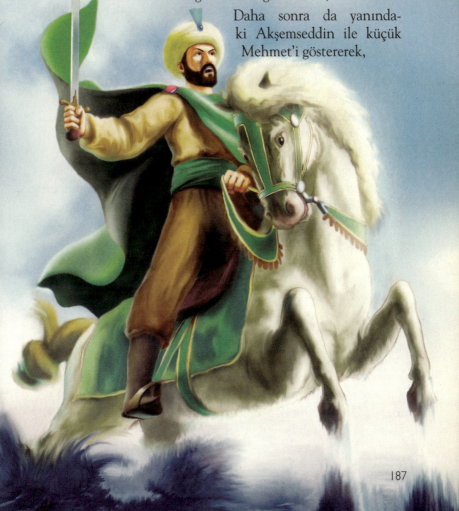

– İnşallah bu çocukla bu adam görürler, dedi.

Yıllar geçip Küçük Mehmet, Fatih olmak yolunda ilerlerken Bizans surları önünde elli üç günlük çetin kuşatmanın zorlukları içinde zaman zaman bunalan hükümdarı ümitsizlikten kurtaran, "Korkma, alacaksın!" diyen Akşemseddin'dir.

Bizans'ın kuşatılması ve fethi, tarihin en çetin savaşlarından biri olmuştur. Hatta yetmiş pare donanmaya bir gecede dağları aşırtan, ordusunu en yeni sistemle donatan, savaş planlarını kendi çizen, süratle kaleler kuran, toplar döktüren Fatih Sultan Mehmet bile Bizans surları önünde, bir iki defa ümitsizliğe düşmüştür.

İşte bu kargaşada padişahın, yardım ve zafer dileği ile Veliyyüddinzâde Ahmet Paşa'yı Akşemseddin'e gönderdiğini cevap olarak da "Mayıs'ın 29'unda sabahleyin hücum yapılırsa Allah'ın yardımıyla Konstantiniyye (İstanbul) fethedilecektir." cevabını aldırdığını öğreniyoruz. Kararlaştırılan zaman geldiği hâlde kalenin düşmemiş olmasından endişelenen Akşemseddin'in oğlu, telâş ve üzüntü ile babasını çadırında ziyaret etmek istedi. Lâkin kapıda duran nöbetçi tarafından "Bana içeri kimseyi koymayınız emri verildi, içeri alamam." diye durdurulunca çadırın bir ucundan kaldırıp baktı. Babasını, secdede gözyaşları ile dua eder vaziyette gördü. Bilinmez ne kadar zaman, bu heybet anını hayranlıkla seyrettikten sonra, babasının ayağa kalkıp, "Elhamdülillah, kale fetholundu." dediğini duydu. Başını kaldırıp uzaklardaki insan seline baktığı zaman da haftalardır Bizans'ın geri ittiği ordunun zafer sesleri içinde yer yer şehre aktığını fark etti.

AKŞEMSEDDİN HAZRETLERİ

Fatih'in hocası, âlim ve mutasavvıf Akşemseddin Hazretleri, 15 Ocak 1459 tarihinde vefat etmiştir. Akşemseddin Hazretleri, Hacı Bayram Veli Hazretleri'nin talebesi olmuştur. Bir süre Hacı Bayram Camisi'nde eğitim almıştır. Eğitimini tamamladıktan sonra II. Murad'ın isteği üzerine oğlu Mehmed'in (Fatih'in) eğitimiyle ilgilenmiştir.

SAYGI

Muhterem Fethullah Gülen Hocaefendi, Erzurum'da eğitim gördüğü yıllarda beş altı arkadaşıyla beraber küçük bir odada kalmaktaydı. Bu odada yaşanan bir olay, onun ne kadar saygılı bir kişiliğe sahip olduğunu ortaya koymaktadır:

Bir gün odaya bir misafir gelir. Oda çok küçük olduğu için Fethullah Gülen'e yatacak yer kalmaz. "Şöyle bir kenarda yatıvereyim." diye düşünür. Ancak bakar ki ayağını uzattığında arkadaşına uzatmış olacak. Bunun üzerine,

"Yatarken ayağımı arkadaşıma doğru uzatırsam, ona büyük saygısızlık yapmış olurum." diye düşünerek o yöne ayağını uzatmaktan vazgeçer.

Sonra da ayağını başka bir yöne uzatır. Bu sefer bakar ki ayağını uzatacağı yönde kitapları var.

– İlim tahsil ettiğim kitaplara doğru ayaklarımı uzatırsam saygısızlık etmiş olurum, diyerek ayaklarını o yöne de uzatmaz.

Üçüncü yöne uzatmayı deneyince o yönde de Kâbe'nin olduğunu fark eder.

– Ayaklarımı Kâbe'ye doğru da uzatamam, diyerek o yöne uzatmaktan da vazgeçer.

Geriye tek yön kalmıştır. Tam ayaklarını o yöne doğru uzatacakken o tarafta da babasının yaşadığı Korucuk köyünün bulunduğunu fark eder. Bunun üzerine,

– Babamın yaşadığı yere doğru da ayaklarımı uzatamam. Eğer uzatırsam, babama karşı saygısızlık etmiş olurum, diyerek o tarafa da ayaklarını uzatmaz.

Bu şekilde düşünerek hiçbir yöne ayaklarını uzatamayan Fethullah Gülen Hocaefendi, sabaha kadar öylece oturarak durur.

ANADOLU'DAN YÜKSELEN SES: MEVLÂNA

Mevlâna, Konya'ya geldikten sonra Tebrizli Şems ve Kuyumcu Selahaddin adıyla bilinen iki önemli şahsiyetle yakın bir dostluk kurmuştu. Önce Şems'in Konya'dan ayrılışı, ardından Selahaddin'in vefatı Mevlâna'yı çok üzmüştü. Allah, çok geçmeden ona bir dost daha gönderdi. Bu kişi, Çelebi Hüsameddin'di. Mesnevi'nin meydana gelmesine o vesile olacaktı. Çelebi Hüsameddin, Konya medreselerinde hocalık yapıyordu. Mevlâna'ya bağlandıktan sonra aralarında büyük bir yakınlık doğdu.

Mevlâna, o güne kadar, gazel türü şiirler yazıyordu. Bunlar büyük bir kitabı dolduracak kadar çoğalmıştı. Çelebi Hüsameddin, onun daha büyük bir eser yazacak duruma geldiğini hissetmişti. Bu konuda onu teşvik etmeyi düşünüyordu. Bir gün birlikte Konya'nın Meram bağlarında geziyorlar, Mevlâna yeni şiirler söylüyordu. Çelebi Hüsameddin, tam zamanıdır, diyerek düşüncesini dile getirdi:

– Efendim, dedi. Bugüne kadar gazel tarzında pek çok şiir söylediniz. Sizi sevenler, sizden yeni bir eser bekliyorlar. Böyle bir eser yazsanız da sizi sevenler, onu okuyarak doysalar.

Mevlâna, aslında buna hazırdı. Sarığının kıvrımları arasından bir kâğıt çıkararak Hüsameddin'e uzattı. Bu kâğıtta, Mesnevi'nin ilk beyitleri yazılıydı. Hüsameddin'e,

– Oku, diye buyurdu.

Çelebi Hüsameddin, Mesnevi'nin girişinde bulunan ilk on sekiz beyiti büyük bir coşkuyla okudu. Tam da arzu ettiği gibi bir eserdi. Okuyup bitirdikten sonra Mevlâna'nın ellerini öptü.

– Efendim, dedi. Gönülden dilerim ki bu şiirin devamını da söyleyin.

Mevlâna,

– Bir şartla, dedi. Sen yazmayı kabul edersen ben de söylerim.

– Buna hazırım, dedi Hüsameddin.

Mevlâna, 19. beyitten itibaren söylemeye başladı.

Çelebi Hüsameddin de kaleme aldı. Kitap bittiğinde cilt sayısı altıya, beyit sayısı 25.618'e ulaşmıştı.

MEVLÂNA

1207 yılında Türkistan'ın Belh şehrinde doğdu. Asıl adı Muhammed Celâleddin'dir. Mevlâna ismi ona sonradan verilmiştir. Rumî denmesi ise Anadolu'ya göç etmesiyle ilgilidir. Mevlâna, Moğol tehlikesi sebebiyle ailesiyle birlikte Selçuklular devrinde Anadolu'ya göç etti ve önce Karaman'a ardından Konya'ya yerleşti. Devrinin ünlü hocalarından dersler aldı. Kendini çok iyi yetiştirdi. Ardından dersler vermeye başladı. 1244 yılında Tebrizli Şems isimli bir dervişle tanıştı. Bu tanışma, Mevlâna'nın bütün hayatını değiştirdi. Onun inanca, sevgiye, hoşgörüye dayalı şiirleri toplumu derinden etkiledi.

Mevlâna'nın ünü daha sonra bütün dünyaya yayıldı. Dünyanın en çok okunan yazarlarından birisi hâline geldi. 17 Aralık 1273 yılında, 66 yaşında Konya'da vefat etti. Mevlâna'nın Allah sevgisini dile getiren şiirleri, vaazları ve mektupları şu kitaplarda toplanmıştır: Mesnevi, Divân-ı Kebir, Fihi Mâfih, Mecalis-i Seb'a, Mektubât (Mektuplar).

BABAM GÜLÜNCE

Babacığım,
Sen gülünce
Annem gülüyor önce,
Sonra ben...
Mutluluk çiçeği
Açıyor içimizde.
Babacığım,
Sen gülünce
Evimiz sanki
Cennet'ten bahçe.

Bestami YAZGAN

ORUÇ

ORUÇLUNUN MÜKÂFATINI ANCAK ALLAH VERİR

Oruç, imsak vaktinin başlamasından itibaren güneşin batışına kadar geçen süre içinde hiçbir şey yememek ve içmemektir. Ramazan ayında oruç tutmak, İslâm'ın 5 şartından biridir. Oruç, Müslümanlara Bakara Sûresi'nin 183. âyetiyle farz kılınmıştır: "Ey iman edenler! Sizden evvelkilere farz kılındığı gibi, sizin üzerinize de oruç tutmak farz kılındı."

Orucun Allah katındaki kıymeti, bir hadis-i kudsî ile şöyle bildirilmiştir: "Her iyiliğe karşı 10 mislinden 700 misline kadar mükâfat vardır. Ancak oruçlunun mükâfatı bu ölçünün dışındadır. Çünkü o Benim içindir. Onun mükâfatını ancak Ben veririm."

İbadetlerimizi bilinçli bir şekilde yapmamız, imanımızın kuvvetli olması ve devamlılığı açısından çok önemlidir. Diğer ibadetlerde olduğu gibi orucun da farz kılınışının birçok sebebi vardır. Orucun amacı sadece insanlara kuru bir açlık çektirmek değildir. Oruç ibadetinin en önemli özelliği insanları kötülüklerden alıkoyması, nefsin isteklerini frenlemesidir. Oruç; bedenimizi, ruhumuzu, duygularımızı terbiye ederek; erdemli, olgun, yardımsever, sevecen, merhametli insan yetiştirmeyi hedefler.

İyi bir mü'min için işlediği günah ve hatalar daima endişe kaynağıdır. Oruç, bu anlamda mü'mine müjde verip onun endişelerini hafifletir, kalbini huzurla doldurur. Peygamber Efendimiz: "Hangi mü'min inanarak, sırf Allah için Ramazan orucunu tutarsa günahları bağışlanır." buyurmuştur. Oruç, günahlardan kaçınmamıza yardımcı olur ve bizi insana yakışmayan kötü davranışlardan korur. Bir yandan günahların affedilme sevinci, bir yandan da girilecek günahların orucun sevabını azaltacağı endişesi, oruçluyu hata ve günahlara karşı daha hassas yapar. Yani oruç, mü'minin ahlâkını güzelleştirir.

Günahlarımızın affedilmesine vesile olan oruç, bize sürekli olarak manen Allah'ın huzurunda olduğumuzu hatırlatır. Oruç ile sürekli ibadet atmosferi içinde olur, nereye gidersek gidelim, ne iş yaparsak yapalım Allah'tan bize doğru uzanmış bir ip ile ona doğru çekildiğimizi hissederiz. Nitekim Peygamber Efendimiz orucun bu koruyucu özelliği için "Oruç bir kalkandır." buyurmuştur. Oruç ile sürekli ibadet hâlinde olmamız, Allah ile beraber olduğumuz şuurunu canlı tutar.

Allah'ın bizlere ihsan ettiği nimetlerin kıymetini aç ve susuz kalınca daha iyi anlar, Allah'a şükrümüzü daha güzel biçimde yerine getiririz. Oruç sayesinde, Allah'ın izin vermediği zaman diliminde bizim için helâl olan nimetlere dahi el uzatamadığımızı görür, başına buyruk olmadığımızı hatırlar, böylece kulluğumuzun daha çok farkına varırız.

Bir de oruç tutarken hiçbir baskı altında olmadan kendi yiyecek ve içeceklerimize dahi el süremeyiz. Oruç bize büyük bir sabır kazandırır. Nitekim Efendimiz "Oruç sabrın yarısıdır. Sabır ise imanın yarısı..." buyurmuşlardır.

Oruç, sadece yemeyi, içmeyi ve bir kısım dünyevî lezzetleri terk etmek değildir. Aynı zamanda her türlü kötülükten, günahtan uzak durabilmektir. Nasıl ki oruçlunun midesi yemek ve içmek lezzetinden uzak kalıyorsa; dili yalandan, gıybet ve dedikodudan; elleri haram ve kötü işlerden; kulakları günah olanı dinlemekten; ayağı günahlara yürümekten; kalbi ve kafası kötü düşünce ve niyetlerden uzak olmalıdır. Oruçlu iken evindeki helâl lezzetlere bile dokunmayan kişi, eğer orucunu ihlâs ve şuurla tutuyorsa haramlara, günahlara elbette girmez. Peygamber Efendimiz'in buyurduğu gibi: "Mü'min o kimsedir ki kendisine bakılınca Allah akla gelir."

ÇOCUKLAR İYİLEŞİRSE

Resûlullah'ın torunları Hasan ve Hüseyin hastalanmışlardı. Babaları Hazreti Ali ve anneleri Hazreti Fatıma, Allah'a şöyle bir adakta bulundular: "Çocuklarımız iyileşirse üç gün oruç tutalım."

Çok geçmeden hastalar şifaya kavuştu ve baba da anne de oruçlarına başladılar. Birinci gün sahura kalkıp oruca niyet ettiler, günü oruçlu geçirip akşama iftarlıklarını hazırladılar. Akşam olup da tam iftar edecekleri sırada bir fakir gelip,

– Allah için bana bir yiyecek verin. Açım, dedi.

Onlar da yemeye hazırlandıkları yemeklerinin tamamını hiç başlamadan o fakire verdiler. Kendileri su ile iftar ettiler. Evde gece yiyecekleri bir şey de yoktu. İftarda bir şey yemedikleri gibi, sahura da kalkmadan ikinci gün oruçlarına devam ettiler. Akşam olunca bu sefer de bir yetim gelip,

– Allah için bir şey, dedi.

Onlar da yine ağızlarına bile almadan iftar sofralarındaki yemeğin tamamını yetime verip su ile iftar ettiler.

İftarsız, sahursuz üçüncü gün de oruçlarına devam ediyorlardı. Üçüncü günün iftar vakti gelmişti. Kapılarını bu sefer de bir esir çaldı. O da aç olduğunu söyleyip onlardan bir miktar yiyecek istedi. Hazreti Ali ve Hazreti Fatıma, bu sefer de yiyeceklerinin tamamını ona verdiler. İftarlarını yine su ile yapmışlardı ama adadıkları oruçları da bitmişti artık. Onların yokluk içinde yaptıkları bu cömertlik ve başkalarını kendilerine tercih etmeleri Cenâb-ı Hakk'ın çok hoşuna gitmişti. Haklarında "Onlar kendi canlarının çekmesine rağmen yemeği fakire, yetime ve esire yedirirler." mealindeki İnsan Sûresi'nin 8. âyetini göndererek onlardan razı olduğunu bildirdi.

RAMAZAN AYININ İLK GECESİ

Abdullah İbn-i Mes'ûd'un anlattığına göre bir gün Peygamberimiz şöyle buyurdu:

– Ramazan ayının ilk gecesi olunca Cennet'in bütün kapıları açılır ve bütün ay boyunca tek bir kapı kapanmaz. Cehennem'in bütün kapıları kapanır ve bütün ay boyunca tek bir kapısı açılmaz. Cinlerin azgınları bağlanır. Gökyüzünden bir görevli her gece gündüze kadar şöyle seslenir: "Ey hayır işleyen, devam et ve müjdeni al; ey kötülük dileyen vazgeç ve uyan."

DENGİ YOK

Ebû Umâme adında bir sahabî, Resûlullah Efendimiz'e dedi ki:

– Bana öyle bir amel tavsiye et ki Allah Teâlâ beni onunla mükâfatlandırsın.

Efendimiz Aleyhisselâm şöyle buyurdu:

– Sana orucu tavsiye ederim, zira onun bir dengi, benzeri yoktur.

PUSULA KULLANAN GÜVERCİN

Uzun bir yolculuğa çıktığınızı düşünün. Saatler süren yolculuk sırasında dağlık bir bölgede otobüsünüz bozuldu. Herkes otobüsten indi. Kuş uçmaz kervan geçmez, telefon çekmez bir yerde yapayalnız kaldınız. Ne yapacaksınız? Gitseniz ne tarafa gideceksiniz? Oturup yoldan geçecek bir aracı beklemekten başka bir çareniz var mı? İşte böyle bir yerde, yuvasından kilometrelerce uzakta bırakılan bir güvercin, bu zorluklardan hiçbirini yaşamaz. Güvercin gökyüzüne yükselir, yönünü doğru şekilde tespit eder ve gece gündüz uçarak yuvasını şaşırmadan bulur. Ama nasıl?

Bu soru insanların kafasını uzun yıllar meşgul etmiştir. İlk araştırmalara göre güvercinlerin yön bulmak için gündüzleri binaları, yer şekillerini, güneşi; geceleri de yıldızları kullandıkları düşünülüyordu. Kuşların havada uçarken üzerinden geçtikleri yerlerin konumlarını hafızalarında tutup geri dönüşte bu bilgilere göre yönlerini buldukları zannediliyordu. Fakat araştırmalar ilerledikçe güvercinler ve pek çok göçmen kuş hakkında yeni bilgiler elde edildi. Gözleri lensle kapatılan güvercinler yuvalarından uzaklaştırılıp havaya bırakıldıklarında, çevrelerini görmedikleri, hâlde, arkadaşlarının yanına dönebildiler. Farklı yerlerde tekrarlanan benzeri çalışmalar sonrasında güvercinlerin, yön bulmak için yıldızlar, güneş ve yer şekillerinin dışında, başka yöntemler de kullandıkları tespit edildi: Yerkürenin manyetik alanı!

Evet, o küçücük yapılarıyla güvercinler, yönlerini bulmak için yerkürenin manyetik alanından faydalanır. Yerkürenin, bir çubuk mıknatıs gibi manyetik kutupları vardır. Kuzey ve Güney Kutupları arasında oval biçimli manyetik alan çizgileri uzanır. Bu manyetik alan çizgileri; havadan, denizlerden ve karalardan geçebilir. Zaten kullandığımız pusulaların ibresi de manyetik kutupları olan bir maddedir ve yerkürenin manyetik alan çizgilerine göre bize yönümüzü gösterir. O hâlde, insanın aklına "Güvercinler pusula mı kullanıyor?" diye bir soru gelebilir. Elbette ki hayır! Onların aklı olmadığı gibi araştırma yaparak herhangi bir şey de icat edemezler.

Dolayısıyla dünyanın özelliklerini bilip de mükemmel bir yön bulma sistemi geliştiremezler. Güvercinler de dâhil olmak üzere bütün hayvanlar, ancak Yüce Allah'ın, vücutlarına yerleştirmiş olduğu bir sistemle hareket edebilirler.

Güvercinlerin mükemmel yön bulma sistemi şudur: Güvercinlerin kafatası ve beyinleri arasında, içinde manyetik tanecikler bulunan bir doku vardır. Bu doku içindeki tanecikler, demir oksit moleküllerinden meydana gelir ve sayısı milyonları bulur. Demir oksit tanecikleri, mıknatısın yapısını meydana getiren bir maddedir. Yani bu tanecikler, manyetik alana duyarlıdır ve mıknatıs gibi davranarak yerin manyetik alanına göre güvercinin beynini uyaran sinyaller gönderir. Güvercin bu sinyallere göre yönünü belirler.

Güvercinlerin yuvalarını bulma özelliği, onları diğer kuşlardan farklı kılar. Bu, onların göç etmesi, yem bulup yavrularını beslemesi için çok önemlidir. Yem bulmak için uzaklara giden ve bir daha geri dönmeyen güvercin yavrularının hâlini bir düşünsenize!

Güvercin ile onun yön bulmak için kullandığı yerin manyetik alanı, güneş ve yıldızlar arasında bir ilişki vardır. Bu ilişki, yaratıklarının ihtiyaçlarını en iyi bilen, bu ihtiyaçlara göre onları en güzel şekilde donatan Allah'ın sonsuz bir ilim sahibi olduğunu ve gücünün her şeye yettiğini çok açık bir şekilde göstermektedir.

ŞEYTANDAN ALLAH'A SIĞINIRIM

Bir Ramazan günü Abdülkadir Geylânî Hazretleri ve dostları bir çölden geçiyorlardı. Hava oldukça sıcaktı. Oruç tuttukları için susuzluk ve açlık onları hâlsiz bırakmıştı. Buna rağmen, yollarına devam ediyorlardı. Bu sırada karşılarında bir nur belirdi ve şöyle seslendi:

– Ben, sizin yüce Rabb'inizim, Ramazan'da yemek ve içmek size haramdır. Ama şimdi size bunları helâl kıldım. Yiyiniz ve içiniz.

Bu ilginç durum karşısında heyecana kapılan bazıları, hemen su kaplarına ve yiyeceğe el attılar. Tam bu sırada Abdülkadir Geylânî dostlarını şöyle uyardı:

– Sakın oruçlarınızı açmayınız!

Sonra sesin geldiği tarafa doğru dönüp,

– Eûzü billahi mine'ş-şeytâni'r-racîm. Eûzü billahi min şerri zâlike (Kovulmuş şeytandan Allah'a sığınırım. Bu görünen şeyin zararından da Allah'a sığınırım.), der demez nur gibi görünen şey birden kapkara kesildi!

Şeytan kendisini süslü göstererek onları aldatmaya yeltenmiş, ama bütün kötü oyunu ortaya çıkmıştı.

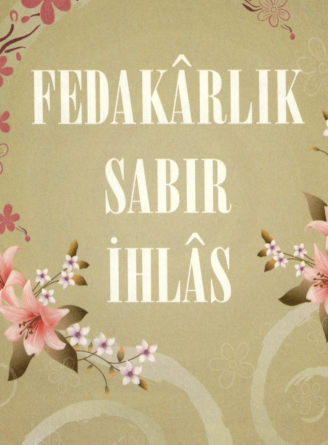

FEDAKÂRLIK

SABIR

İHLÂS

KARDEŞLİK

Mekkeli Müslümanlar, Medine'ye hicret ederken yanların-
da çok az eşya getirebilmişlerdi. İnançları uğruna mallarını,
mülklerini, hurmalıklarını, bağlarını, bahçelerini he-
men her şeylerini Mekke'de bırakmışlardı. Medineli
Müslümanlar ise Mekkeli kardeşlerini yollarda kar-
şılamışlar ve günlerce evlerinde misafir etmişlerdi.
Hatta evi daracık olan bazı Medineli Müslümanlar
bile evlerini, gelen misafirlerine vererek kendilerine
yatacak başka yer bulmuşlardı.

Mekke'den hicret eden Muhâcirler, gönül ver-
diği davaları için böylesi fedakârlığa katlanırken
Medine'de onlara kucak açan Ensâr da fedakârlığın ayrı bir
derinliğiyle onlara karşılık vermişti. Medineli Müslüman-
lar oldukça fakir olmalarına rağmen aynı dine inandıkları
Mekkeli kardeşlerini, bağırlarına basmış ve onlara civan-
mertçe davranmışlardı.

Hicret'ten bir süre sonra Allah Resûlü Ensâr ve
Muhâcir'i bir araya toplayarak Mekke'den gelen her bir
aileyi Medineli bir Müslüman aile ile kardeş ilan etti.
Kardeşler evlerini ve işlerini paylaşacaklardı. Çalışmaya
birlikte gidecekler, kazandıklarını ortak kullanacaklardı.

Medineliler gerçekten büyük fedakârlık gösterdi-
ler ve seve seve her şeylerini Mekkeli kardeşleriy-
le paylaştılar. Hem de öylesine paylaşma ki belki
öz kardeşlerinden daha öte din kardeşlerini
memnun etmeye çalıştılar. Bu, Allah'a ve
Peygamberi'ne inanmayanların hiçbir
zaman kavrayamayacağı bir hâdiseydi.

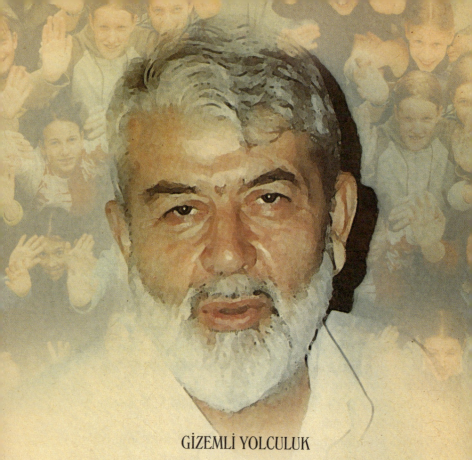

GİZEMLİ YOLCULUK

Yolculuğumuz güzel bir ağustos günü başladı. Sevdiklerimden ve ülkemden ayrılmanın hüznüyle, farklı bir ülkede öğretmenlik yapacak olmanın mutluluğunu aynı anda yaşıyordum. Öyle ya oradaki çocuklara güzel Türkçemizi öğretecektim. Sonra da sevgiyi, hoşgörüyü, mutluluğu paylaşacaktım onlarla.

Gideceğim ülkenin çocukları, savaşı bütün korkunçluğuyla yaşamıştı. Üstelik iç karışıklıklar ve çatışmalar hâlâ devam ediyordu. Bu yüzden içimde belli belirsiz bir korku vardı. Fakat içimdeki korkuyu alıp götüren, beni heyecanlandıran bir insan bizleri bekliyordu gittiğimiz ülkede. Evet, o, çocukların sevgili Hacı Ata'sıydı. Yetmiş küsur yaşındaydı; kalbinden rahatsızdı, şekeri vardı. O, ilerlemiş yaşına rağmen kendini öğrencilerine adamış bir eğitim sevdalısıydı. Hakkında çok şey duyduğum, fakat kendisini hiç görmediğim bu insanla tanışma düşüncesi yolculuğumu daha anlamlı kılıyordu.

Bu ilginç yolculuğa otuz arkadaşla başladık. Bizi götüren uçağın arka tarafına, açacağımız okulların bilgisayarlarını yükledik, ön koltuklarına da biz oturduk. Eşyaların havaalanına getirilmesi ve yüklenmesi hepimizi oldukça yormuştu. Yorgunluğumuza rağmen aklımız hep gideceğimiz ülkedeydi. Bizi orada neler bekliyordu, nasıl bir ortamla karşılaşacaktık? Bütün bu soruların cevabını hiçbirimiz bilmiyordu.

Uçağımız, gece 12.00'da havaalanına indi. Ortalıkta birkaç görevlinin dışında kimsecikler görünmüyordu. Uçaktan indik ve bekleme salonuna geçtik. Burası oldukça bakımsız ve köhne bir yerdi. Bir saatlik bir bekleyişten sonra pasaport işlemlerimizi yaptırıp çıkış kapısına yöneldik. Kapının tam karşısında şık giyimli, ak saçlı, ak sakallı biri gülümseyerek bize bakıyordu. Ülkenin sıkıntılarına ve çaresizliğine inat dimdik ayakta duran bu adam, Hacı Kemal Erimez Ağabey'den başkası değildi. Öğrenciler ve halk, ona Hacı Ata diyorlardı.

Okullara ait malzemeyi taşımak için bir tır, bizim binmemiz için de eski bir otobüs getirilmişti. Yorgunluğumuza aldırmadan, neşe içinde eşyalarımızı tıra yükledik. Otobüse binmeye hazırlanıyorduk ki iki minibüs büyük bir hızla bize doğru yaklaştı. Araçlarımızın geçişini engelleyecek şekilde tam önümüzde durdu. Minibüslerin içinden yirmi kadar adam indi. Ellerinde makineli tüfekler vardı. Hepsi de kafalarına siyah çoraplar geçirmişti. Seri bir şekilde etrafımızı sarıp silâhlarını üzerimize çevirdiler. Bu adamların, kıyafetlerinden ve davranışlarından asker olmadıkları hemen anlaşılıyordu. Niyetlerinin de iyi olmadığı ortadaydı. Tercüman aracılığıyla tüm mallarımızı ve paralarımızı istediklerini bize bildirdiler. Sözlerine, bu konuda bir zorluk çıkardığımız takdirde hepimizi öldüreceklerini de ilâve ediyorlardı. Bu adamlar, herkesin şerrinden korktuğu bir çetenin mensupları olmalıydı. Çünkü havaalanının önünde nöbet tutan askerler, canlarını kurtarmak için ortadan kaybolmuşlardı. Hacı Ata ve şirketimizin genel müdürü, tercüman aracılığı ile kendilerinden istenilen malzemelerin okullara ait olduğunu, bilgisayarlar olmadan eğitim ve öğretimin aksayacağını teröristlere anlatmaya çalışıyorlardı. Ancak adamların bu tür sözler dinlemeye hiç mi hiç niyetleri yoktu. Karşılıklı konuşmalar devam ederken birden Hacı Ata'nın karanlığı yırtan bağrışı duyuldu. Titrek ve duygulu bir ses tonuyla çetenin liderine sesleniyordu:

– Beni iyi dinle! Savaştan dolayı bütün yabancılar ülkenizi terk etti! Ama bu gördüğünüz genç öğretmenler, hayatlarını hiçe sayarak sizin çocuklarınızı eğitmek için geldiler buraya! Fakat sizler, utanmadan çocuklarınıza ve ülkenize sahip çıkmak için gelen insanları soymaya yelteniyorsunuz. Allah'tan korkun!

Hacı Ata konuşurken çetenin liderine iyice yaklaşmış, gözlerini onun gözlerine dikmişti. Yanaklarından süzülen yaşlar bembeyaz sakalını ıslatıyordu. Tercümanımız da iyice heyecanlanmış, bir tek kelime bile değiştirmeden bu tesirli sözleri tercüme etmişti. Ancak Hacı Ata'nın ses tonu, gözyaşları ve hâli o kadar etkileyiciydi ki tercüman hiçbir şey söylemese de pek çok şey anlatıyordu. Bütün çete elemanları olup bitenler karşısında âdeta donup kalmıştı. Birkaç saniyelik sessizlikten sonra, çetenin lideri elindeki silâhını arkadaşına verdi, sol eliyle de başındaki siyah çorabı çıkardı. İnanmak imkânsızdı, ama onun da yanaklarından yaşlar süzülüyordu. Bozuk bir Türkçe ile "Benim annem Türk!" dedi. Sesi titriyordu.

Bu manzara karşısında hepimiz duygulanmıştık. Çetenin lideri arkadaşlarına döndü, kararlı ve sert bir ses tonuyla bir şeyler anlattı. Ardından tercümana dönerek uzun uzun açıklamalarda bulundu. Bu gece yaptıklarından dolayı bizden özür diliyor, kendilerini affetmemizi istiyor, bizleri okula kadar götürmeyi teklif ediyordu. Kısaca; havaalanının şehrin yirmi kilometre kadar dışında olduğunu, yol boyunca birçok silâhlı çetenin tehlike saçtığını, diğer çeteler kendilerinden çekindikleri için bizleri güvenlik içinde okula götürebileceklerini anlatmaya çalışıyordu.

Hepimiz şaşırmıştık, tedirgindik. Canımıza, malımıza kastetmek için gelen bu teröristler, gerçekten bize muhafızlık yapacaklar mıydı? İnsanların kalpleri ve niyetleri bir anda böylesine büyük bir değişikliğe uğrar mıydı? Bu soruların cevabını hiçbirimiz bilmiyordu. Yapabileceğimiz fazla bir şey de yoktu. Kısa bir değerlendirmeden sonra tekliflerini kabul ettik. Az sonra minibüslerden biri en öne, diğeri de araçlarımızın arkasına geçti. Konvoy hâlinde yolculuğa başladık.

Kimsenin ağzını bıçak açmıyordu. Hepimizde bir gerginlik, tedirginlik vardı. İçimizden dua ediyorduk. Bu arada yol boyunca birçok silâhlı grupla karşılaştık. Önce kamyonumuzu durduruyorlar, sonra çete liderinin açıklamaları üzerine yolumuzdan çekiliyorlardı. Her an ıssız bir yere çekilip öldürülebileceğimiz ve mallarımıza el konulabileceği endişesiyle yolculuğumuza devam ediyorduk. Dakikalar geçmek bilmiyordu. Nihayet sıkıntılı bir yolculuktan sonra görev yapacağımız okulun önüne geldik. Bizleri okul bahçesinin girişinde öğretmen arkadaşlar karşıladı. Sevinç ve heyecan içinde kucaklaştık. Eşkıyanın bizi okula sağ salim getirdiğine hâlâ inanamıyorduk. Bu arada çetenin lideri yanımıza geldi. Çekine çekine, tekrar tekrar özür diledi ve gitmek için izin istedi. Bizler de onlara yardımlarından dolayı teşekkür ettik. Onlarla teker teker kucaklaşıp kendilerini yolcu ettik.

Yorgunduk, korkmuştuk ve şaşkındık. Görev yapacağımız ülkeye adımımızı atar atmaz enteresan ve oldukça anlamlı olaylar yaşamıştık. Bütün olup bitenler karşısında Hacı Ata da çok duygulanmıştı. Hepimizi öğretmenler odasında topladı. Hacı Ata, güzel bir yaz gecesinde yaşadıklarımızın Rabb'imizden gelen anlamlı bir mesaj olduğunu hissetmişti. Hissettiklerini hıçkırıklar içinde, kader arkadaşlarıyla paylaşıyor ve bizlere şöyle sesleniyordu:

– Evlatlarım! Sizler, en samimi duygularınızla buralara kadar geldiniz. Allah da niyetlerinize göre bu ülkedeki ilk gününüzde sizlere böyle bir güzellik yaşattı. Kalpleri evirip çeviren Rabb'imiz, malımızı ve canımızı almaya gelen eşkıyayı bizlere muhafız eyledi! Bu hâdiseleri, mutlaka bir gün tarih yazacak.

Çocukların ve göreve başlayacağımız ülkedeki herkesin sevgili Hacı Atası, bembeyaz sakallarını şükür gözyaşlarıyla ıslatıyor, her zaman olduğu gibi, hâliyle bizlere çok şey anlatıyordu.

AZİZ MAHMUD HÜDÂÎ

Bir gün Aziz Mahmud Hüdâî Hazretleri'nin hocası Üftâde Hazretleri, talebeleriyle birlikte kıra çıkmıştı. Ders bitip talebeler, hocalarından kırda dolaşmak için izin isteyince Üftâde Hazretleri öğrencilerine müsaade etmişlerdi. Bütün talebeler hocalarına sunmak üzere, rengârenk çiçeklerden demet demet toplamaya başladılar. Sonra ellerinde mis kokulu çiçeklerle hocalarının huzuruna geldiler. Takdim edilen çiçeklerin hepsini kabul eden Üftâde Hazretleri, Aziz Mahmud Hüdâî'nin getirdiği sapı kırık tek çiçeği görünce ona sordu:

– A be evlâdım! Bütün arkadaşların demet demet mis kokulu çiçeklerden getirirken sen niçin sapı kırık tek bir çiçek getirdin bakalım?

Bu soru karşısında hayli mahcup bir duruma düşen Aziz Mahmud Hüdâî, başını önüne eğerek alçak gönüllü bir tavır içinde,

– Efendim, zat-ı âlinize ne takdim etsem azdır. Lâkin hangi çiçeği koparmak için eğildiysem, o çiçeğin kendine has bir dille Allah Teâlâ'yı zikrettiğini duydum. O yüzden hiçbirini koparmaya elim varmadı. Size takdim ettiğim çiçeğe gelince gördüğünüz gibi zavallı çiçeğin sapı kırılmış. Dolayısıyla Allah'ı anamaz olmuştu. Ben de sapı kırık çiçeğin Rabb'imi zikretmediğini görünce alıp onu size getirebildim. Bir hata yaptıysam kusurumu bağışlamanızı istirham ederim, dedi.

Aziz Mahmud Hüdâî Hazretleri, Şereflikoçhisar'da doğdu. Çocukluğu Sivrihisar'da geçti. Medrese (Günümüzde üniversite seviyesinde eğitim) eğitimini İstanbul'da tamamladı. Edirne, Mısır, Şam ve Bursa'da kadılık ve müderrislik (medrese hocası) yaptı. Bursa'da Üftâde Hazretleri'nin talebesiydi. Sultanlara ve halka yol gösterici oldu. Üsküdar'da vefat etti. Külliyesi içinde bulunan türbeye defnedildi. Yedisi Türkçe olmak üzere, otuz kadar eser yazdı. Zengin vakıflar ve manevi miraslar bırakarak ebediyet âlemine göçtü.

HARUN REŞİD İLE İHTİYAR

Harun Reşid, veziri ile birlikte tebdil-i kıyafet dolaşırken bahçesinde hurma fidanları diken bir ihtiyar görür. Selam verir ve aralarında şu konuşma geçer:

– Kolay gelsin, ne yapıyorsun böyle?

– Hurma fidanları dikiyorum.

– Peki, bu diktiğin hurma fidanları ne zamana kadar büyür ve meyve vermeye başlar?

– Kim bilir belki on, belki yirmi sene sonra yetişir ve meyve vermeye başlar.

– Peki, onların meyvelerini görebilecek misin?

– Bu yaşlı hâlimle belki göremem. Ama bizden öncekilerin diktikleri ağaçların meyvelerini biz yedik. Biz de bizden sonrakilerin istifadeleri için bu hurma fidanlarını dikiyoruz.

Bu cevap Harun Reşid'in hoşuna gider ve ihtiyara bir kese altın verir. İhtiyar, Allah'a hamdeder ve,

-Diktiğim ağaçlar hemen meyve verdi, der.

Bu söz üzerine Harun Reşid, bir kese daha altın verir ve ihtiyar yine Allah'a hamd eder ve şöyle der:

– Herkesin diktiği meyve ağaçları yılda bir defa mahsul verir, benim diktiğim fidan hem hemen meyve verdi hem de senede iki defa ürün vermeye başladı.

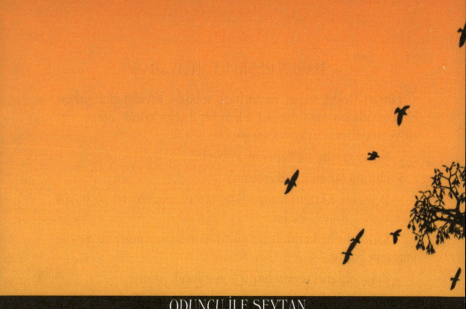

ODUNCU İLE ŞEYTAN

Oduncululukla hayatını kazanan bir zat vardı. Allah'a karşı kulluk vazifesini yapar, kimsenin ekşisine tatlısına karışmazdı. Bu zahit kişinin bulunduğu köyün yakınında bir köy daha vardı. Onlar da dağda kutsal diye kabul ettikleri bir ağaca taparlar, ondan medet beklerlerdi. Oduncu bir gün "Şunların Allah diye taptıkları ağacı kesip odun edeyim pazarda satarak ekmek parası kazanırım; hem de bir kavmi Allah'a isyandan kurtarmış olurum." diye düşünerek Allah rızası için ağacı kesmeye karar verdi.

Dağa doğru giderken karşısına acayip suratlı pis bir adam çıkarak nereye gittiğini sordu. Oduncu,

– Halkın Allah diye taparak Allah'a isyan ettikleri ağacı kesmeye gidiyorum, dedi.

Adam oduncuya,

– Ben şeytanım... O ağacı kesmene müsaade etmiyorum, deyince zahit oduncu şeytana çok kızmıştı. Öldürmek için hücum ederek yere yatırdı ve üzerine oturup hançerini şeytanın boğazına dayadı.

Şeytan zahide,

– Ey zahit, sen beni öldüremezsin. Allah bana kıyamete kadar müsaade etmiştir. Fakat gel o ağacı kesme, seninle anlaşalım. Ben sana her gün bir altın vereyim, sen de ağacı kesmekten vazgeç.

Hem el ağaca tapıyormuş, günah işliyormuş senin neyine gerek, altınını al işine bak, dedi.

Adam şeytanı bırakmıştı. Şeytan adama, akşam yatıp sabahleyin yastığının altına bakmasını söyledi ve anlaşarak ayrıldılar. Adam ağacı kesmekten vazgeçip evine dönmüştü. Akşam yatıp sabahleyin yastığının altına baktığında altın gördü. Memnun olmuştu. İkinci gün oldu. Fakat bu sefer şeytan altını koymamıştı. Adam kızıp baltasını aldığı gibi dağa ağacı kesmeye gitti. Fakat yolda yine şeytanla karşılaştılar. Adam şeytana iyice kızmıştı. Onu görünce,

– Seni sahtekâr seni, kandırdın değil mi beni, diyerek üzerine hücum etti.

Fakat evvelkinin tam tersine bu sefer şeytan adamı tuttuğu gibi altına aldı. Adam şaşırmıştı. Bu nasıl hâl der gibi şeytanın yüzüne bakıyordu.

Şeytan şöyle dedi:

– Hayret ettin değil mi? Niçin bana yenildiğinin sebebini söyleyeyim: Önceki gün sen Allah rızası için ağacı kesmeye gidiyordun. Seni değil ben, dünyadaki bütün şeytanlar bir araya gelsek yine yenemezdik. Lakin şimdi Allah rızası için değil de sana altını vermediğim için kızdığından gidiyorsun. İşte o yüzden bana mağlup oldun ve senin ağacı kesmene müsaade etmeyeceğim.

BİZ SENİ UYANIK BİLİRDİK

Kanunî Sultan Süleyman dönemiydi. İstanbul'da kenar semtlerden birinde oturan yaşlı bir kadın padişahın huzuruna çıkmak istediğini saraydaki görevlilere bildirmiş, bunun üzerine sultanın karşısına çıkarılmıştı. Yaşlı kadın, evinin soyulduğunu ve bu olaydan padişahın sorumlu olduğunu söyleyerek şikâyette bulundu. Bunun üzerine hiddetlenen Kanunî,

– Bana bak kadın, sen niçin bu kadar derin uyku uyudun da evinin soyulduğunu duymadın, deyince yaşlı kadın,

– Padişahım! Kusura bakma, biz seni uyanık bilirdik, onun için evimizde rahat uyuyorduk, dedi.

Bu cevap üzerine Kanunî,

– Haklısınız, diyerek kadının çalınan mallarının bedelini kendi malından ödedi.

ZEKÂT
VE
SADAKA

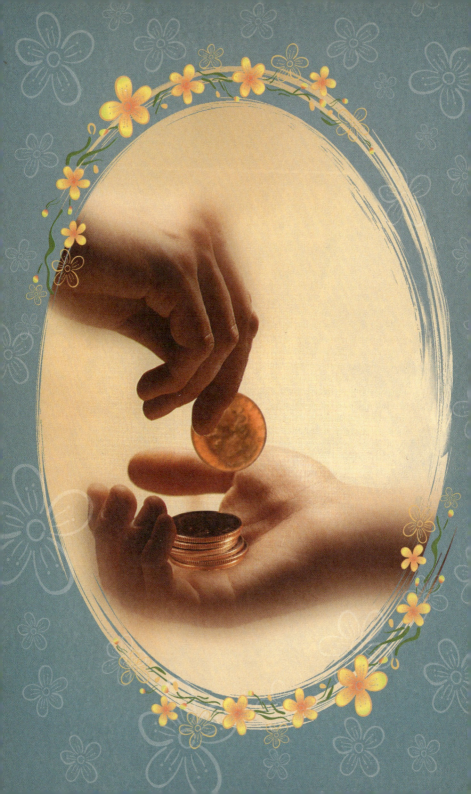

ZEKÂT SOSYAL HAYATIN DİREĞİDİR

Zekât, zengin bir Müslüman'ın seneden seneye malının belli bir miktarını Müslüman fakirlere Allah rızası için vermesi demektir. Namaz ve oruç gibi zekât da İslâm'ın beş şartından birisidir. Hicretin ikinci yılında oruçtan önce farz kılınmıştır. Zekât, namaz ve oruç gibi bedenle değil, mal ile yapılan bir ibadettir. Cenâb-ı Allah, zekât vermeyi mü'minlere farz kıldığını, "Namazı kılın, zekâtı verin..." (Bakara Sûresi, 43. âyet) âyetiyle bildirmiştir.

Nasıl ki namaz, dinî hayatın direği ise zekât da sosyal hayatın direğidir. İslâm'ın zekât emrinin uygulanmadığı bir toplumda fertler arasında birlik beraberlik ve düzen sağlanamaz. Fakir ve zengin sınıflar arasında dayanışma ve yardımlaşma ortadan kalkar, sevgi ve saygı yok olur.

Allah rızası için fakirlere verilen mal, para, ilim gibi insanın muhtaç olduğu herhangi bir şeye ise sadaka denir. Sadaka vermenin dünyada ve âhirette pek çok faydaları vardır. Sadakalar günahlara kefaret, Cehennem ateşine karşı siperdir. Belâ ve musibetleri geri çevirir. İnsan kendisinden bir şeyler isteyen kimseyi boş çevirmemeli, elinden geldiğince ona bir şeyler vermeye çalışmalıdır. Ayrıca sadakanın gizlice verilmesi daha fazlieltidir.

İKİ CİMRİ BİR CÖMERT

Bir gün Ebû Hureyre şöyle dedi:

– Biz, Peygamber Efendimiz ile birlikteyken Efendimiz bize şu hikâyeyi anlattı:

"İsrailoğullarından üç kişi vardı: Biri ala tenli, biri kel, biri de kör. Allah, bunları imtihan etmek istedi ve bu amaçla onlara insan şekline girmiş bir melek gönderdi.

Melek önce ala tenliye geldi.

– Hayatında en çok istediğin şey nedir, diye sordu. Adam,

– Güzel bir renk, güzel bir cilt, insanları benden tiksindiren hâlimin gitmesini isterim, dedi.

Melek ona eliyle dokununca adamın çirkinliği gitti, cildi güzel bir hâl aldı.

Melek ona tekrar sordu:

– Hangi mala kavuşmayı seversin?

Adam,

– Deveye, dedi.

Hemen ona on aylık hamile bir deve verildi.

Melek,

– Allah bu deveyi sana hayırlı kılsın, diyerek aniden gözden kayboldu.

Melek bu sefer de kelin yanına geldi:

– Hayatında en çok istediğin şey nedir, dedi.

Adam,

– Güzel bir saç ve halkı tiksindiren şu hâlin benden gitmesini istiyorum, dedi.

Melek, adamın başını eli ile okşadı. Adamın keli gitti ve başında gür saçlar çıktı.

Melek,

– En çok hangi malı seversin, diye sorunca adam,

– İneği severim, dedi.

Hemen kendisine hamile bir inek verildi.

Melek,

– Allah bu ineği sana mübarek kılsın, diye dua etti.

En sonunda körün yanına gitti.

Ona da,

– Hayatında en çok istediğin şey nedir, diye sordu.

Adam,

– Allah'ın bana gözümü vermesini ve insanları görmeyi istiyorum, dedi.

Melek, onun da gözünü eli ile okşadı. Allah, o adamın gözlerinden körlüğü kaldırdı.

Melek ona da,

– En çok hangi malı seversin, diye tekrar sordu.

Adam,

– Koyunu severim, dedi.

Ona da hemen hamile bir koyun verildi.

Zamanla inek ve deve yavruladılar, koyun da kuzuladı. Çok geçmeden adamlardan birinin sayısız develeri, diğerinin sayısız sığırları, öbürünün sayısız koyunları oldu. Sonra melek, ala tenlinin bulunduğu çiftliğe, onun eski hâlindeki bir insan şeklinde geldi:

– Ben çok fakir bir kimseyim, imkânsızlık yüzünden yoluma gidemeyeceğim. Şu anda Allah'tan ve senden başka yardım edecek kimsem yok! Sana şu güzel rengi, şu güzel cildi ve malı veren Allah aşkına! Bana bir deve ver onunla yoluma devam edeyim, aileme ve çocuklarıma kavuşayım, dedi.

Adam,

– Hayır, veremem, o develerde başkalarının da hakları var, dedi.

Melek,

– Ben, sanki seni tanıyor gibiyim. Sen ala tenli, herkesin tiksindiği, fakir birisi değil miydin? Allah sana sağlık ve mal verdi, dedi.

Adam bu sefer,

– Sen çok konuşuyorsun. Bu mallar bana dedelerimden miras kaldı, diyerek onu azarladı.

Melek de,

– Ey insanoğlu, eğer yalan söylüyorsan Allah seni eski hâline çevirsin, dedi ve onu bırakarak kelin yanına geldi.

Bu adama da onun eski hâlindeki kel birisi gibi göründü. Ondan da diğerinden isteği şeyleri talep etti. Kel de tıpkı önceki adam gibi meleğin isteğini reddetti. Melek bu adama da,

– Ey insanoğlu, eğer yalan söylüyorsan Allah seni eski hâline çevirsin, deyip körün yanına vardı.

Ona da kör bir insan şeklinde göründü ve şöyle dedi:

– Ben çok fakir bir adamım. İmkânsızlıklardan dolayı yolculuğuma devam edemiyorum. Allah'tan ve sonra senden başka bana yardım edecek kimsem yok! Sana tekrar görme yeteneği veren Allah aşkına! Senden sadece bir koyun istiyorum, onu satıp yolculuğuma devam edebileyim.

Adam bunun üzerine,

– Ben de kör idim. Allah gözümü iade etti. Fakirdim, Allah mal verip beni zengin etti. Sen koyunlarımdan istediğini al götür. Allah'a yemin ederim ki bugün Allah adına ne istersen sana vereceğim, dedi.

Melek de,

– Ey insanoğlu, malın hepsi senin olsun! Sizler, bir imtihandan geçtiniz. Allah senden razı oldu ama diğer iki arkadaşın cezayı hak etti, dedi ve gözden kayboldu."

HANGİSİ DAHA İYİ

Bir gün Resûlü Ekrem Efendimiz'in yanına bir adam geldi. Adam Peygamber Efendimiz'den yiyecek bir şeyler istedi. Efendimiz Aleyhisselâm,

– Senin evinde hiç ev eşyası yok mu, diye sordu.

Adam,

Bir kısmıyla örtündüğümüz, bir kısmını da altımıza serdiğimiz bir çul, bir de su kabımız var, ya Resûlullah, dedi.

Peygamberimiz adama,

– Onları bana getir, dedi.

Adam eşyalarını getirince Peygamber Efendimiz çevresindekilere dönerek,

– Bu çul ile su kabını kim satın almak ister, diye sordu.

Onlardan birisi,

– Ben bir dirhem (o dönemde kullanılan bir tür gümüş para) vereyim ya Resûlullah, dedi.

Bunun üzerine Resûlü Ekrem Efendimiz,

– Artıran yok mu, diye birkaç defa seslendi ve iki dirhem teklif edene sattı.

Parayı bu fakir adama verdikten sonra,

– Git, bu paranın bir dirhemiyle ailene yiyecek al, geri kalanıyla da bir balta satın al, bana getir, dedi.

Adam çarşıya gitti, bir balta alıp getirdi. Peygamberimiz adamın getirdiği baltaya mübarek elleriyle çok güzel bir sap yapıp taktı ve şöyle buyurdular:

– Haydi, şimdi git, bununla odun kes ve sat. On beş gün çalış, ondan sonra yanıma gel!

Adam, on beş gün çalıştıktan sonra Resûlü Ekrem Efendimiz'in yanına geldi. Bu süre içinde on dirhem kazanmıştı. Kazandığı bu parayla kendine, ailesine elbise ve yiyecekler almıştı. Bu duruma çok sevinen Resûlullah Efendimiz adama şunları söyledi:

– Dilenciliğin, kıyamet günü yüzünde bir leke gibi görünmesindense böylesi senin için daha iyidir.

SERVETİN BEKÇİSİ

Bir gün Peygamber Efendimiz'in arkadaşları O'nun zekâtın önemiyle ilgili anlattığı sohbeti dinliyorlardı. Allah Resûlü,

– Zekât, mal ve servetin koruyucusudur, bekçisidir, diye buyururken yanlarına bir Hristiyan iş adamı geldi. Adam, zekât hakkında Peygamberimiz'in bütün söylediklerini dinledi. Oradan kalkıp gittikten sonra da bütün malının zekâtını verdi. Bu Hristiyan iş adamının bir de ortağı vardı. Ticaret için Mısır'a gitmişti. O tarihlerde ticaret, deve kervanları ile yapılıyordu. Kervanların önünü kesip soygun yapan eşkıyanın sayısı da bir hayli artmıştı. Peygamberimiz'in zekâtla ilgili söylediklerini dinleyen Hristiyan iş adamı içinden söyle geçirdi: "Eğer Muhammed'in söyledikleri doğru ise iş ortağım malı ile birlikte sağ salim olarak döner ve ben de iman edip Müslüman olurum. Muhammed yalan söyleyip de milleti kandırıyorsa ortağım da sağ salim dönemez ve onu yolda hırsızlar soyarlarsa ben de o zaman kılıcı alıp Muhammed'i öldürürüm."

Bir süre sonra, yolculuk yapmakta olan iş ortağından bir mektup geldi. "Hırsızlar kervanın yolunu kestiler. Soygun yapıp kaçtılar. Ne mal, ne elbise, hiçbir şey bırakmadılar..." Mektubun henüz ilk satırlarını okuyan tüccar derin bir üzüntüye kapıldı. Elinde mektup, bir yandan okumaya devam ediyor, diğer yandan da kılıcını kuşanarak Peygamber'e savaş açmak üzere yola çıkmaya hazırlanıyordu. Tam evden çıkacağı sırada mektubun, "Arkadaşım, sakın üzülme..." yazan kısmına gelince dikkat kesildi. "...hırsızlar kervanın önünü kestikleri sırada, develerimin yükü ağır olduğu için ben kervanın çok arkasından geliyordum. Bizim mallarımıza hiçbir şey olmadı, kurtulduk. Yakında geleceğim, selâmlar." Adam, bu satırlarla biten mektubu okuyunca sevinçten ne yapacağını şaşırdı. Hazreti Peygamber'e karşı yapmak istediği hareketten dolayı utanç duydu ve doğruca Allah Resûlü'nün yanına gidip,

– Ey Allah'ın Resûlü! Bana İslâm'ı anlatın, dedi.

Nebiler Nebisi'nin açıklamaları üzerine orada iman etti.

RÜZGÂRDAN KUVVETLİ

Yüce Allah yeri yarattığı zaman yer hareket edip duruyordu. Bunun üzerine Cenâb-ı Hakk dağları yarattı. Dağları yeryüzüne oturtunca yer karar buldu. Melekler dağların kuvvetine hayret ettiler ve sordular:

– Ey Rabb'imiz, yarattıkların arasında dağlardan daha kuvvetli olanı var mı?

Allah Teâlâ da,

– Evet, demir, diye cevap verdi.

Melekler bu defa:

– Ey Rabb'imiz, yarattıkların içinde demirden daha kuvvetli olanı var mı, dediler.

Yüce Allah:

– Evet, ateş, buyurdu.

Bunun üzerine melekler,

– Ey Rabb'imiz, yarattıkların arasında ateşten daha kuvvetlisi var mı, dediler.

Allah Teâlâ,

– Evet, rüzgâr var, buyurdu.

Melekler bu defa da:

– Ey Rabb'imiz, yarattıkların arasında rüzgârdan kuvvetli olanı var mı, diye sorunca Yüce Allah şöyle buyurdu:

– Evet, var. Sağ eli ile sadaka verirken bunu sol elinden gizleyerek veren âdemoğlu daha kuvvetlidir.

BUNLARI BİLİYOR MUSUNUZ

• Erkek atlas güvesinin başındaki tüycük-lerin, güvenin koku alma organı olduğunu ve atlas güvesinin eşinin çıkardığı kokuyu 11 kilometre uzaktan al-gılayabildiğini biliyor musunuz?

• Karıncaların; yeryüzünün en kalabalık canlıları olduğu-nu, her yeni doğan 40 insana karşılık, 700 milyon karınca-nın dünyaya geldiğini, böcek türlerinin en sosyallerinden olduğunu, son derece iyi "örgütlenmiş" bir düzen içinde, "koloniler" denen topluluklar hâlinde yaşadıklarını, bazı türlerin "terzilik" yaptığını, bazılarının "tarım"la uğraştı-ğını, hatta bazı karınca türlerinin besi çiftliği kurup başka canlıları (yaprak biti) besleyip onlardan elde ettikleri tatlı sıvı ile hayatlarını sürdürdüklerini biliyor musunuz?

• Avustralya'da çölde yaşayan dikenli kertenkelenin sivri pullarının kendisini yemek isteyen düşmanlarına karşı sa-vunma sistemi olarak görev yaptığını, çölde geceleyin hava-nın soğumasıyla meydana gelen suyun çizgili kertenkelenin pulları üzerinde yoğunlaştığını, yoğunlaşan suyun damlacık-lar hâline gelip deri üzerindeki pulcuklardan kertenkelenin ağzına aktığını ve böylece bu hayvanın su ihtiyacını karşı-layıp hayatını sürdürdüğünü biliyor musunuz?

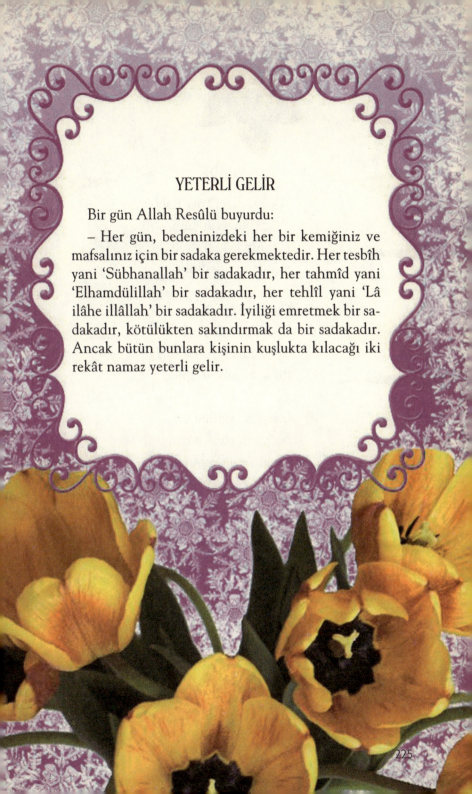

YETERLİ GELİR

Bir gün Allah Resûlü buyurdu:

– Her gün, bedeninizdeki her bir kemiğiniz ve mafsalınız için bir sadaka gerekmektedir. Her tesbîh yani 'Sübhanallah' bir sadakadır, her tahmîd yani 'Elhamdülillah' bir sadakadır, her tehlîl yani 'Lâ ilâhe illâllah' bir sadakadır. İyiliği emretmek bir sadakadır, kötülükten sakındırmak da bir sadakadır. Ancak bütün bunlara kişinin kuşlukta kılacağı iki rekât namaz yeterli gelir.

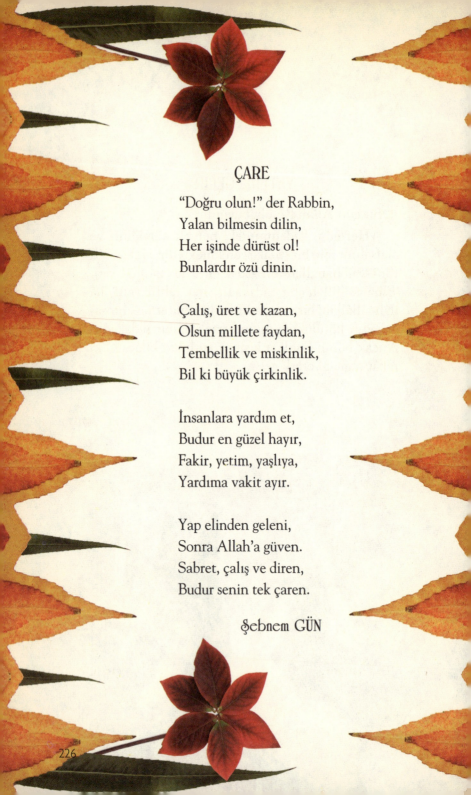

ÇARE

"Doğru olun!" der Rabbin,
Yalan bilmesin dilin,
Her işinde dürüst ol!
Bunlardır özü dinin.

Çalış, üret ve kazan,
Olsun millete faydan,
Tembellik ve miskinlik,
Bil ki büyük çirkinlik.

İnsanlara yardım et,
Budur en güzel hayır,
Fakir, yetim, yaşlıya,
Yardıma vakit ayır.

Yap elinden geleni,
Sonra Allah'a güven.
Sabret, çalış ve diren,
Budur senin tek çaren.

Şebnem GÜN

DOĞRULUK
SÖZÜNDE DURMA

ABDÜLKADİR GEYLÂNÎ HAZRETLERİ

Abdulkadir Geylânî Hazretleri, küçük yaşta ilim tahsiline başlamıştı. Dokuz yaşında iken annesinden izin alıp Bağdat'a ilim tahsiline gitti. Giderken annesi oğlunun beline kırk altın bağlamış ve bazı nasihatlerde bulunarak, "Oğlum ne olursa olsun yalan söyleme." diye tembihte de bulunmuştu.

Abdulkadir Geylânî, içinde bulunduğu kervanla birlikte Bağdat yolunda devam ediyordu. Bir vadiden geçerken kervanın önünü kırk kişilik eşkıya kesmişti. Eşkıya kervanda işlerine yarayan ne varsa aldı. Ayrılacakları zaman da içlerinden biri Abdulkadir Geylânî'ye,

– Senin neyin var, diye sordu.

O hiç tereddüt etmeden,

– Belimde kırk tane altınım var, dedi.

Eşkıya, üzerini bile aramaya lüzum görmedikleri çocuğun öyle söylemesine hayret etmişti. Onu alıp reislerinin yanına götürdüler. Reis,

– Evladım biz seni aramayacaktık. Sen niye "Bende altın var." dedin ve başını derde soktun, dediğinde Geylânî Hazretleri,

– Ben dünya malı için anneme ve Allah'a verdiğim sözü bozmam diye cevap verdi.

Henüz dokuz yaşında bulunan bir çocuktan bu sözleri duyan eşkıya reisinin kalbi yumuşamaya başladı. Bir müddet karşısındaki çocuğu ve kendi hâlini düşünen eşkıya reisi şöyle dedi:

– Arkadaşlar, ben şu andan itibaren bu zamana kadar yaptığım bütün günahlardan dolayı pişman oluyorum ve tevbe ediyorum. Bundan sonra da bir daha kötülük işlemeyeceğime söz veriyorum. Eğer siz bu işe devam etmek istiyorsanız başınıza başka bir reis bulun.

Sonra da alınan bütün malların geri verilmesini emretti. Reislerini dinleyen diğer haydutlar da:

– Biz bu işe seninle başladık, seninle bitireceğiz. Madem sen vazgeçtin biz de tevbe ediyoruz, dediler.

ÜÇ GÜNDÜR

Gönüller Sultanı Efendimiz'in hilâf-ı vâki bir söz söylediğini veya sözünde durmadığını bir kimse, ne görmüş ne de duymuştu. Onun ashabından olma şerefine eren bir zat dedi ki:

— Cahiliye devrinde Allah Resûlü'yle bir yerde buluşmak üzere anlaşmıştık. Fakat ben verdiğim sözü unuttum. Üç gün sonra hatırladığımda koşarak anlaştığımız yere gittim. Baktım ki Allah Resûlü, orada bekliyor. Bana ne kızdı ne de darıldı. Sadece,

— Ey genç! Bana güçlük verdin. Üç gündür seni burada bekliyorum, dedi.

NE VERECEKSİN

Bir gün bir kadının çocuğunu çağırırken,

— Gel, bak sana ne vereceğim, demesi üzerine Allah Resûlü derhâl atılıp,

— Ne vereceksin, diye sordu.

Kadın,

— Birkaç hurma verecektim ya Resûlullah, deyince,

— Eğer ona hiçbir şey vermeyecek olsaydın yalan söylemiş olacaktın, buyurdular.

Zira Allah Resûlü, yalanı nifak alâmeti sayıyor ve ondan olabildiğince uzak durmaya çalışıyordu. Yalan, münafığın üç alâmetinden biridir. Diğer ikisi ise verdiği sözde durmama ve emanete ihanet etmedir.

KAŞAĞI

Ahırın avlusunda oynarken aşağıda, gümüş söğütler altında görünmeyen derenin hazin şırıltısını işitirdik. Evimiz iç çitin büyük kestane ağaçları arkasında kaybolmuş gibiydi. Annem, İstanbul'a gittiği için benden bir yaş küçük olan kardeşim Hasan'la artık Dadaruh'un yanından hiç ayrılmıyorduk. Bu, babamın seyisi, ihtiyar bir adamdı. Sabahleyin erkenden ahıra koşuyorduk. En sevdiğimiz şey atlardı. Dadaruh'la beraber onları suya götürmek, çıplak sırtlarına binmek, ne doyulmaz bir zevkti. Hasan korkar, yalnız binemezdi. Dadaruh onu kendi önüne alırdı. Torbalara arpa koymak, yemliklere ot doldurmak, gübreleri kaldırmak eğlenceli bir oyundan ziyade, bizim hoşumuza gidiyordu. Hele tımar... Bu en zevkli şeydi. Dadaruh eline kaşağıyı alıp işe başladı mı, tıpkı... tık... tık... tık... tıpkı bir saat gibi... yerimde duramaz,

– Ben de yapacağım, diye tuttururdum.

O vakit Dadaruh, beni Tosun'un sırtına koyar, elime kaşağıyı verir,

– Hadi yap, derdi.

Bu demir aleti hayvanın üstüne sürter, fakat o uyumlu tıkırtıyı çıkaramazdım.

– Kuyruğunu sallıyor mu?

– Sallıyor.

– Hani bakayım?

Eğilirdim, uzanırdım. Lakin atın sağrısından kuyruğu görünmezdi.

Her sabah ahıra gelir gelmez,

– Dadaruh, tımarı ben yapacağım, derdim.

– Yapamazsın.

– Niçin?

– Daha küçüksün de ondan...

– Yapacağım.

– Büyü de öyle.

– Ne vakit?

– Boyun at kadar olduğu vakit.

At, ahır işlerinde yalnız tımarı beceremiyordum. Boyum atın karnına bile varmıyordu. Hâlbuki en keyifli, en eğlenceli şey buydu. Sanki kaşağının muntazam tıkırtısı Tosun'un hoşuna gidiyor, kulaklarını kısıyor, kuyruğunu kocaman bir püskül gibi sallıyordu. Tam tımar biteceğine yakın huysuzlanır, o zaman Dadaruh, "Höyt..." diye sağrısına bir tokat indirir, sonra öteki atları tımara başlardı. Ben bir gün yalnız başıma kaldım. Hasan'la Dadaruh dere kenarına inmişlerdi. İçimde bir tımar etmek hırsı uyandı. Kaşağıyı aradım, bulamadım. Ahırın köşesinde Dadaruh'un penceresiz küçük bir odası vardı. Buraya girdim. Rafları aradım. Eyerlerin arasına falan baktım. Yok, yok! Yatağın altında, yeşil tahtadan bir sandık duruyordu. Onu açtım. Az daha sevincimden haykıracaktım. Annemin bir hafta önce İstanbul'dan gönderdiği hediyeler içinden çıkan fakfon kaşağı, pırıl pırıl parlıyordu. Hemen kaptım. Tosun'un yanına koştum. Karnına sürtmek istedim. Rahat durmuyordu.

– Galiba acıtıyor, dedim.

Gümüş gibi parlayan bu güzel kaşağının dişlerine baktım. Çok keskin, çok sivriydi. Biraz köreltmek için duvarın taşlarına sürtmeye başladım. Dişleri bozulunca tekrar tecrübe ettim. Gene atların hiçbiri durmuyordu. Kızdım. Öfkemi sanki kaşağıdan çıkarmak istedim. On adım ilerdeki çeşmeye koştum. Kaşağıyı yalağın taşına koydum. Yerden kaldırabileceğim en ağır bir taş bularak üstüne hızlı hızlı indirmeye başladım. İstanbul'dan gelen, ihti-

mal, Dadaruh'un kullanmaya kıyamadığı bu güzel kaşağıyı ezdim, parçaladım. Sonra yalağın içine attım.

Babam, her sabah dışarıya giderken bir kere ahıra uğrar, öteye beriye bakardı. Ben o gün gene ahırda yalnızdım. Hasan evde hizmetçimiz Pervin'le kalmıştı. Babam çeşmeye bakarken yalağın içinde kırılmış kaşağıyı gördü; Dadaruh'a haykırdı:

– Gel buraya!

Nefesim kesilecekti, bilmem neden, çok korkmuştum. Dadaruh şaşırdı, kırılmış kaşağı meydana çıkınca babam bunu kimin yaptığını sordu. Dadaruh,

– Bilmiyorum, dedi.

Babamın gözleri bana döndü, daha bir şey sormadan,

– Hasan, dedim.

– Hasan mı?

– Evet, dün Dadaruh uyurken odaya girdi. Sandıktan aldı. Sonra yalağın taşında ezdi.

– Niye Dadaruh'a haber vermedin?

– Uyuyordu.

– Çağır şunu bakayım.

Çitin kapısından geçtim. Gölgeli yoldan eve doğru koştum. Hasan'ı çağırdım. Zavallının bir şeyden haberi yoktu. Koşarak arkamdan geldi. Babam pek sertti. Bir bakışından ödümüz kopardı. Hasan'a dedi ki:

– Eğer yalan söylersen seni döverim!

– Söylemem.

– Pekâlâ, bu kaşağıyı niye kırdın?

Hasan, Dadaruh'un elinde duran alete şaşkın şaşkın baktı! Sonra sarı saçlı başını sarsarak,

– Ben kırmadım, dedi.

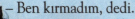

– Yalan söyleme, diyorum.

– Ben kırmadım.

Babam tekrar,

– Doğru söyle, darılmayacağım. Yalan çok fenadır, dedi.

Hasan, inkârında inat etti. Babam hiddetlendi. Üzerine yürüdü. "Utanmaz yalancı!" diye yüzüne bir tokat indirdi.

– Götür bunu eve; sakın bunu bir daha buraya sokma. Hep Pervin'le otursun, diye haykırdı.

Dadaruh, ağlayan kardeşimi kucağına aldı. Çitin kapısına doğru yürüdü. Artık ahırda hep yalnız oynuyordum. Hasan evde mahpustu. Annem geldikten sonra da affedilmedi. Fırsat düştükçe "O yalancı." derdi babam. Hasan yediği tokat aklına geldikçe ağlamaya başlar, güç susardı. Zavallı anneciğim benim iftira atabileceğime hiç ihtimal vermiyordu. "Dadaruh, atlara ezdirmiş olmasın?" derdi.

Ertesi sene annem, yazın gene İstanbul'a gitti. Biz yalnız kaldık. Hasan'a ahır hâlâ yasaktı. Geceleri yatakta atların ne yaptıklarını, tayların büyüyüp büyümediğini bana sorardı. Bir gün birdenbire hastalandı. Kasabaya at gönderildi. Doktor geldi. "Kuşpalazı." dedi. Çiftlikteki köylü kadınlar eve üşüştüler. Birtakım kuşlar getiriyorlar, kesip kardeşimin boynuna sarıyorlardı. Babam yatağın başucundan hiç ayrılmıyordu.

Dadaruh çok durgundu. Pervin hüngür hüngür ağlıyordu.

– Niye ağlıyorsun, diye sordum.

– Kardeşin hasta.

– İyi olacak.

– İyi olmayacak.

– Ya ne olacak?

– Kardeşin ölecek, dedi.

– Ölecek mi?

Ben de ağlamaya başladım. O hastalandığından beri Pervin'in yanında yatıyordum. O gece hiç uyuyamadım. Dalar dalmaz, Hasan'ın hayali gözümün önüne geliyor, "İftiracı! İftiracı!" diye karşımda ağlıyordu.

Pervin'i uyandırdım.

– Ben Hasan'ın yanına gideceğim, dedim.

– Niçin?

– Babama bir şey söyleyeceğim.

– Ne söyleyeceksin?

– Kaşağıyı ben kırmıştım, onu söyleyeceğim.

– Hangi kaşağıyı?

– Geçen seneki. Hani babamın Hasan'a darıldığını...

Lafımı tamamlayamadım. Derin hıçkırıklar içinde boğuluyordum. Ağlaya ağlaya Pervin'e anlattım. Şimdi babama söylersem Hasan da duyacak belki beni affedecekti.

– Yarın söylersin, dedi.

– Hayır, şimdi gideceğim.

– Şimdi baban uyuyor, yarın sabah söylersin. Hasan da uyuyor. Onu öpersin, ağlarsın, seni affeder.

– Pekâlâ!

– Haydi, şimdi uyu!

Sabaha kadar gene gözlerimi kapayamadım. Hava henüz ağarırken Pervin'i uyandırdım. Kalktım. Ben içimdeki zehirden vicdan azabını boşaltmak için acele ediyordum. Yazık ki zavallı masum kardeşim, o gece ölmüştü. Sofada çiftlik imamıyla Dadaruh'u ağlarken gördük. Babamın dışarıya çıkmasını bekliyorlardı.

Ömer SEYFETTİN

BİR SALKIM ÜZÜM

Bir malı çalmak ya da başka birinin elinden zorla almak haramdır. Milletimiz bundan dolayı haramdan uzak durmuş, buna en ağır şartlar altında olduğu zamanlarda bile dikkat etmiştir. Bunun sonucunda da dünyanın en güçlü ve medenî devletlerinden birini kurmuştur.

Boğazından bir parça haram geçmemesi konusunda insanımızın ne kadar hassas olduğunu Kanunî Sultan Süleyman döneminde yaşanan bir olay çok güzel anlatmaktadır:

Kanunî ordusu ile sefere çıktı. Sefer sırasında ordu, halkı Hristiyan olan bir kasabaya uğradı. Ordunun geçtiği yol çok dar olduğu için askerlerin bazıları kasaba halkının bağlarından geçmek zorunda kaldı. Bu sırada sıcaktan iyice bunalan ve susayan bir asker, bir salkım üzüm kopardı ve yedi. Yediği üzümün parasını da kopardığı salkımın yerine bir keseye koyup astı. Sıcağa rağmen bu askerden başka hiç kimse bir üzüm tanesi bile almadı. O asker de bağ sahibi orada olmadığı için yediği üzümün parasını fazlasıyla asma dalına asmıştı.

Ordu, kasabadan çıkınca Belgrat yakınlarında mola verdi. Aradan çok az bir zaman geçmişti ki nefes nefese bir köylü geldi ve komutanla görüşmek istediğini söyledi. Görüşme talebi kabul edilen köylü karargâha, komutanın yanına vardı ve şöyle dedi:

-Çok mert ve dürüst askerleriniz var. Bir askeriniz, yediği üzümün parasını, salkımı kopardığı yere asmış.

Siz, gerçekten de üstün ahlâk sahibi insanlarsınız.

Köylünün söyledikleri karşısında komutanın morali bozulmuştu. Bunun üzerine hemen sözü edilen askerin bulunmasını istedi. Bu olayı Kanunî Sultan Süleyman da duymuştu. Kanunî, yediği bir salkım üzümün parasını ödemiş olsa bile bu askerin hemen ordudan çıkarılması emrini verdi.

Hristiyan köylü kendi sözlerinin bir askerin ordudan atılmasına sebep olduğunu görünce,

– Ben bu askerin ordudan atılmasını istemek için gelmedim. Kendisine teşekkür etmek için geldim, dediyse de Kanunî,

– Kursağında haram lokma olan bir askerin bulunduğu bir orduya zafer nasip olmaz, dedi.

Köylü,

– Ama efendim, yediği üzümün parasını ödemiş, dedi.

Bunun üzerine Kanunî şöyle cevap verdi:

– Yediği üzümün parasını ödemeseydi daha ağır bir ceza alacaktı. Şimdi sadece bu sefere katılması yasaklandı.

Bu sırada konaklama yerinin yakınlarındaki çeşmelerden askerlerin bazıları su içiyor, bazıları abdest alıyordu. Bu çeşmelerden birinin yakınlarında bir manastır vardı. Manastırdan sorumlu rahip, rahibelerden bazılarını, güzel kıyafetler giydirerek askerlerin başında bulunduğu bu çeşmeye su almaya gönderdi. Maksadı Osmanlı askerinin durumunu, sayısını ve askerî gücünü öğrenip haçlı ordusuna bu konuda bilgi vermekti. Fakat rahibeler çeşmenin yanına gelir gelmez askerler hemen geri çekildiler, arkalarını dönüp onlar gidene kadar beklediler.

Rahip, daha önce bir askerin yediği üzümün parasını bile asma dalına astığını duymuştu. Bir de rahibelerin olan biteni anlatması ile iyice şaşırıp kaldı. Bunun üzerine haçlı ordusu komutanına şöyle bir mektup yazdı:

"Ey haçlı kumandanları,

Siz, üzerinize gelen bu ordu ile nasıl başa çıkabilirsiniz? Bu insanlar, Allah yolunda ve komutanlarının emriyle canlarını feda ediyorlar. Yanlarına gönderdiğim süslü kızların yüzlerine bile bakmıyorlar. Geçtikleri bağdan kopardıkları bir salkım üzümün bile parasını yerine asıyorlar. Herkese iyi davranıyor ve kimseye haksızlık etmiyorlar. Bütün mallarını, ailelerini terk ederek sefere çıkmışlar. Onların gideceği yer Cennet'tir!

Siz, onlardaki bu üstün ahlâkı ve güzel davranışları görmezlikten gelir ve onların karşılarına çıkarsanız sadece kendinize ve askerlerinize yazık etmiş olursunuz!"

Kısa bir zaman sonra tarih bu rahibin tespitlerini doğruladı. Allah rızası için yola çıkan ordu muzaffer oldu. Onlar, asıl zaferi insanlığa insanlık dersi vererek gittikleri yerlere medeniyet, adalet, eşitlik götürerek kazandılar.

HAC
UMRE
KURBAN

HAC İSLÂM'A BAĞLILIĞI ARTIRIR

Hac, Müslümanların dinen tespit edilen belirli zaman içinde Mekke'de bulunan Kâbe'yi ve bazı kutsal yerleri ziyaret ederek yaptıkları bir ibadettir. Hac ibadeti İslâm'ın 5 şartından biridir. Hicretin 9. yılında farz kılınmıştır. Kur'ân-ı Kerîm'de haccın farz olduğunu bildiren âyet şöyledir: "Gitmeye gücü yetenlerin Beytullah'ı (Kâbe'yi) ziyaret ederek hac yapması Allah'ın insanlar üzerinde bir hakkıdır." (Âl-i İmran Sûresi, 97. âyet)

Gücü yetenlerin farz olarak ömürlerinde bir defa yapacakları bu ibadetin fazileti büyüktür. "Kim Allah için hacceder de kötü söz ve davranışlardan sakınır ve günahlara sapmazsa -kul hakları hariç- annesinin onu doğurduğu günkü gibi günahlardan arınmış olarak döner." hadis-i şerifi, haccın ne derece faziletli bir ibadet olduğunu anlatmaya yeter.

Hac, İnsana Kul Olma Zevkini Tattırır

Her insan, yaratılışı gereği Yüce Allah'a karşı kulluğunu ortaya koymak ihtiyacındadır. Hac; kula, en belirgin bir şekilde Yüce Allah karşısında aczini ortaya koyma, kulluğunu ifade etme ve O'nun verdiği nimetlere şükretme imkânı veren bir ibadettir. Çünkü hac ibadetini yapan kişi; mal, mülk, makam ve mevki gibi dünyevî bağlardan sıyrılarak Allah'a yönelir. Sonsuz güç ve kudret sahibinin karşısında O'na teslimiyetini ve bağlılığını ifade eder. Bu durum kendisine Allah'a kul olma zevkini tattırır.

Hac, Allah Katında İnsanların Eşit Olduğunun Göstergesidir

Hac; renk, dil, ırk, ülke, kültür, makam ve mevki farkı gözetmeksizin aynı amaç ve gayeleri taşıyan milyonlarca Müslüman'ı bir araya getirerek eşitlik ve kardeşliğin çok canlı bir tablosunu meydana getirir. Zenginiyle fakiriyle, güçlüsüyle güçsüzüyle bütün hacılar aynı kıyafetler içinde, aynı güçlüklere katlanarak, aynı şartlarda hareket ederek bir eşitlik ve kardeşlik eğitiminden geçerler. Trilyonlara hükmeden bir zenginle geçimini zor karşılayan bir fakire, aynı kıyafet içinde Arafat'ta beraberce el açıp dua ettiren ve Kâbe'nin etrafında yan yana tavaf ettiren hac ibadeti; insanlara makam, mevki, mal mülkle böbürlenmemeyi, İslâm kardeşliği içinde tanışıp kaynaşmayı ve âhireti unutmamayı öğretir.

İslâm dininin doğup yayıldığı, vahyin indiği, Peygamber Efendimiz'in ve arkadaşlarının binbir güçlük ve sıkıntılar içinde mücadeleler verdiği ve Hazreti Âdem'den beri bazı peygamberlerin uğrak yeri olmuş kutsal toprakları görmek, mü'minlerin dinî duygularını güçlendirir, İslâm'a bağlılıklarını artırır.

Hac Sabır ve Şükürdür

Hac ibadetiyle Müslüman, Yüce Allah'ın kendisine lütfettiği sağlık, yetenek, mal ve mülk gibi dünyevî nimetlerin şükrünü eda etmiş olur. Hac yapan Müslümanlar sabır, tahammül, sıkıntılara katlanma, güçlüklere göğüs gerebilme, büyük kalabalıklarla aynı anda hareket ederek aynı şeyleri yapabilme, yardımlaşma, dayanışma ve belli kurallara adapte olabilme gibi ahlakî özelliklerini geliştirirler.

Hac mevsimi dışında Kâbe'yi, Mekke ve Medine'nin diğer kutsal yerlerini ziyaret etmeye de umre denir. Umre yapmak sünnettir.

İLK VE SON HAC

Mekke'nin fethi ile müşriklerin gücü tamamen kırılmış ve kutsal mekân gerçek kimliğine kavuşmuştu. Peygamber Efendimiz, fetihten bir süre sonra tekrar Medine'ye döndü ve bundan sonra Medine'ye büyük bir ziyaretçi akını başladı. İnsanlar gruplar hâlinde Efendimiz'i ziyaret ediyor, İslâm dinine giriyor, imanla şerefleniyordu. Müslümanlar, Medine'ye hicret edeli on yıl olmuş ve bu on yıl içinde Allah, İslâm dinini yüceltmişti. Dinin dışında ne varsa da hepsi hor ve hakir düşmüştü.

Hicretin onuncu yılında Peygamber Efendimiz, hac için hazırlanıp kendisiyle birlikte hacca gidecek olanların Medine'ye gelmelerini istedi. Bu haber üzerine binlerce Müslüman Medine'de toplandı. Hazırlıklar tamamlanınca Efendiler Efendisi, bu büyük kalabalıkla birlikte Mekke'ye hacca gitti. Yemen'den ve başka beldelerden gelenlerin de aralarına katılmasıyla Müslümanların sayısı yüz bini geçmişti. Allah Resûlü, arefe günü öğleden sonra Arafat vadisinin ortasında devesi Kasva'nın üzerinde Veda Hutbesi'ni okudu.

Hak din İslâm'a dair son nasihatlerini verdiği hutbenin sonunda,

– Ey insanlar! Yarın beni sizden soracaklar ne diyeceksiniz, buyurunca Müslümanlar,

– Allah'ın dinini tebliğ ettin. Vazifeni yerine getirdin. Şehadet ederiz, dediler.

Bunun üzerine Efendimiz Aleyhisselâm, mübarek şehadet parmağını kaldırdı ve sonra cemaatin üzerine çevirip indirerek,

– Şahit ol ya Rab! Şahit ol ya Rab! Şahit ol ya Rab, buyurdu.

Ashabı ile vedalaştığı bu hac, Efendiler Efendisi'nin yaptığı ilk ve son hac oldu. Mekke'de on gün kadar kalıp veda haccını ve veda tavafını yaptıktan sonra Medine'ye geri döndü. Beraberindeki binlerce Müslüman da geldikleri yerlere dönüp hak din üzerine yaşamaya ve İslâm'ı yaymaya devam ettiler.

KARŞILIĞI CENNET

Allah Resûlü şöyle buyurdu:

– Umre ibadeti, bir sonraki umreye kadar işlenecek günahların affına sebeptir. Gereklerine uygun olarak yerine getirilmiş, günah ve isyan karıştırılmamış, ihlâs ve samimiyetle yerine getirilmiş haccın karşılığı ise ancak Cennet'tir.

GÜZEL HACCEDEN

Sahabeden Ebû Hureyre (radıyallahu anh) der ki:

"Ben Resûlullah'ın şöyle buyurduğunu işittim:

– Kötü söz söylemeden ve büyük günah işlemeden hacceden kimse, annesinden doğduğu gündeki gibi günahsız olarak (evine) döner."

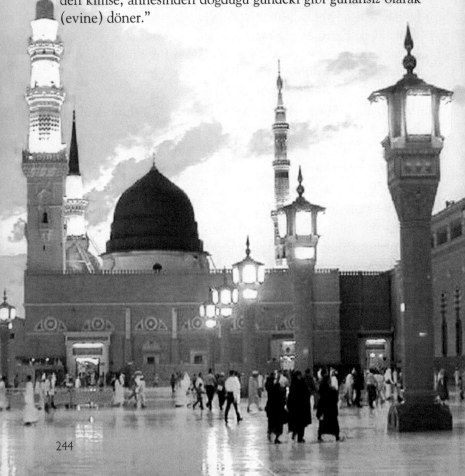

ALLAH'A EMANET

Hazreti İbrahim ve hanımı Sâre'nin yaşları epey ilerlemişti. O zamana kadar da çocukları olmamıştı. İbrahim Aleyhisselâm hanımı Sâre'nin de uygun görmesiyle Hacer adında Mısırlı bir hanımı ikinci eşi olarak aldı. Ancak bu evlilikten kısa bir süre sonra Sâre ile Hacer arasında geçimsizlik baş gösterdi. Bu duruma çok üzülen Hacer, huzura kavuşmak için Allah'a çok dua etti. Yüce Allah da ona bir melek göndererek oğlu İsmail'i müjdeledi. İsmail doğunca Hacer ile Sâre arasındaki tatsızlıklar daha da arttı.

Artık Hacer'le aynı evde yaşamak istemeyen Sâre, Hazreti İbrahim'den onu başka bir yere götürmesini istedi. Sâre'nin bu isteği vahiyle de tasdik olunca Hazreti İbrahim onları bir meleğin yol göstermesiyle Mekke'ye götürdü.

O zamanlar Mekke, içinde hiç kimsenin yaşamadığı ıssız bir yerdi. Hazreti İbrahim, onları Beyt'in (Kâbe'nin) yanında "Devha" denen büyük bir ağacın dibine bıraktı. Burası aslında zemzemin tam üstündeki bir yer idi. Fakat o anda orada hiç su yoktu. Hazreti İbrahim, hanımı ile oğlunun yanlarına içerisinde hurma bulunan bir çanta ile bir su tulumu bırakarak arkasını döndü ve oradan uzaklaşmaya başladı.

Bir süre eşinin arkasından çaresizce bakan Hazreti Hacer, sonra İbrahim Peygamber'in peşine düştü ve:

– Ey İbrahim! Bizi burada, hiçbir insanın hiçbir yoldaşın bulunmadığı bir yerde bırakıp nereye gidiyorsun, diye seslendi.

Bu sözünü iki kere tekrarladı. Allah'ın emri gereği Hazreti İbrahim dönüp ona bakmayınca Anne Hacer üçüncü kere seslendi:

– Böyle yapmanı sana Allah mı emretti?

O zaman İbrahim Aleyhisselâm,

– Evet, buyurdu.

Hazreti Hacer,

– Öyleyse Rabb'imiz, bizi burada perişan etmez, dedi.

Sonra oğlunun yanına geri döndü.

Hazreti İbrahim de yoluna devam etti. Eşinin kendisini göremeyeceği kadar uzaklaşınca da ellerini kaldırdı ve şöyle dua etti:

– Ey Rabb'imiz! Ben ailemden bir kısmını senin kutsal Mabed'inin yanında ekin bitmez bir vadide yerleştirdim. Ey bizim Rabb'imiz, namazı gereğince kılsınlar diye böyle yaptım. Ya Rabbi, artık insanların bir kısmının gönüllerini onlara doğru yönelt, onları her türlü ürünlerden rızıklandır ki Sana şükretsinler. (İbrahim Sûresi, 37. âyet)

Hazreti İbrahim eve geri dönerken hanımı Hacer de oğlu İsmail ile ilgilenmeye başlamıştı. Bir yandan çocuğunu emziriyor bir yandan da yanlarındaki sudan içiyordu. Ancak bir süre sonra kabındaki su bitmişti. Hem kendisi hem de bebeği çok susamıştı. Susuzluktan kıvranan bebeğine baktıkça içi gidiyordu. Onu bu hâlde seyretmenin acısına dayanamayarak oturduğu yerden kalktı ve kendisine en yakın bulduğu tepeye çıktı. Bu tepenin adı Safa idi. Tepenin üzerine çıkınca birilerini görebilir miyim diye etrafa bakındı ama kimseyi göremedi. Sonra Safa'dan inip vadiye ulaştı. Eteğini toplayıp telaşla koşmaya başladı. Vadiyi geçti ve Safa Tepesi'nin karşısındaki tepenin üzerine çıktı. Bu tepenin adı da Merve idi. Bu tepenin üzerinde de etrafa baktı ama yine kimseyi göremedi. Bu gidip gelişi tam yedi kere yaptı.

Merve Tepesi'ne son yaklaştığında bir ses işitir gibi oldu. Kendi kendine "Sus!" dedi ve sese kulak verdi. O sesi tekrar işitmişti. Bunun üzerine,

– Ey ses sahibi! Bana sesini işittirdin, bir yardımın varsa gecikme, dedi.

Derken zemzemin yanında bir melek belirdi. Bu, Cebrâil Aleyhisselâm idi. Hazreti Cebrâil ona seslendi:

– Sen kimsin?

– Ben Hacer'im, İbrahim'in oğlunun annesi...

– İbrahim sizi kime bıraktı?

– Allah Teâlâ'ya.

– Her ihtiyacınızı görecek Zat'a emanet etmiş.

Sonra Cebrâil yeri eşeledi ve nihayet su çıkmaya başladı. Suyu gören Hazreti Hacer çok heyecanlanmıştı. Boşa akmaması için suyu eliyle havuzluyor, bir taraftan da sudan kabına dolduruyordu. Su ise aktıkça dipten kaynıyordu.

Hazreti Hacer sudan kana kana içti, sonra da çocuğunu emzirdi. Cebrâil Aleyhisselâm Hazreti Hacer'e,

– Burada mahvoluruz diye korkmayın! Allah Teâlâ Hazretleri'nin burada bir Evi olacak ve bu Ev'i şu çocuk ve babası bina edecek. Allah Teâlâ o işin sahiplerini zayi etmez, dedi.

Sonra da oradan ayrıldı.

Günler gelip geçti ve derken bir gün Hazreti Hacer ve İsmail'in yakınlarında bir yere bir kafile uğradı. Mekke'nin aşağısına konaklamış olan kafileden bazıları ileride bir yere kuşların gidip geldiğini gördüler. Birbirlerine "Bu kuş su üzerinde dönüyor olmalı. Hâlbuki biz bu vadide su olmadığını biliyoruz!" dediler. Sonra yine de durumu araştırmak için oraya iki adam gönderdiler. Suyu görünce şaşıran adamlar, hemen kafilenin yanına geri döndüler.

Arkadaşlarının getirdiği haberle kafile suyun yanına doğru hareket etti. Oraya vardıklarında suyun başında Hazreti Hacer'i buldular.

Ona,

– Senin yanında konaklamamıza izin verir misin, dediler.

Hazreti Hacer yapılan teklifi kabul etti ve onlara,

– Evet! Ama suda hakkınız olmadığını bilin, dedi.

Onlar da,

– Pekâlâ, dediler ve orada konakladılar.

Sonra geride kalan adamlarına haber saldılar. Onlar da gelince hep birlikte buraya yerleştiler.

EN ÜSTÜN AMEL

Bir gün Peygamber Efendimiz'e şöyle soruldu:

– En üstün amel hangisidir?

– Allah ve Resûlü'ne iman etmektir.

– Sonra hangisidir?

– Allah yolunda cihat etmektir.

– Sonra hangisidir?

– Kabul olan hacdır.

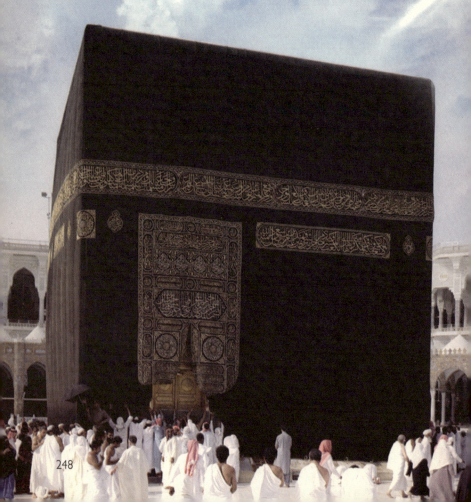

ÇOCUĞUN HACCI

Peygamber Efendimiz hacca giderken Revhâ Vadisi'nde deve ile yolculuk yapan bir kafileye rastlamıştı. Onlara selâm verdi ve,

– Siz hangi kavimdensiniz, diye sordu.

– Müslüman'ız, dediler ve,

– Ya siz kimsiniz, diye sordular.

Bunun üzerine sahabîler:

– Resûlullahtır, dediler.

Deve üzerindeki bir kadın küçük oğlunu göstererek,

– Ya Resûlullah! Bunun için de hac var mıdır, diye sorunca Kâinatın Efendisi şöyle buyurdu:

– Evet! Sana da sevap vardır!

HÂKİM DEĞİL HADİM

Yavuz Sultan Selim, Mısır'ı fethetmiş ve hilâfet 1516 yılında Abbâsîlerden Osmanlılara geçmişti. Bir cuma günü Ümeyye Camii'nde cuma namazı kılınacaktı. Yavuz Sultan Selim de camide idi. Şam Valisi hükümdarın namaz kılacağı yere yeşil atlastan bir seccade sererek onun yerini ayırmıştı. Yavuz, namaz kılacağı yerde diğer cemaatten ayrı olarak serilmiş bu seccadeleri görünce hiddetlenerek,

– Burası ibadet yeridir, padişah sarayı değildir, dedi ve atlas seccadelerin kaldırılmasını emretti.

Kendisi de cemaatle beraber camide namaz kılmaya başladı.

Sıra, Cuma hutbesine gelmişti ki imam çıkarak hutbeyi okumaya başladı. Hutbenin mukaddimesinde halifelerin ismi zikredilirken imam efendi Yavuz Sultan Selim'i kastederek,

– Hakimül Harameynişşerifeyn (Mekke ve Medine'nin hükümdarı), dedi.

İmamın bu sözlerini duyan Koca Yavuz hemen oturduğu yerden ayağa kalkarak şöyle bir düzeltmede bulundu:

– İmam efendi! Okuduğunuz hutbedeki Hakimül Harameyn lâfzını, Hadimül Harameyn olarak değiştir. Zira ben, Hakimül Harameyn değil; olsa olsa o mübarek beldelerin hizmetçisi olabilirim.

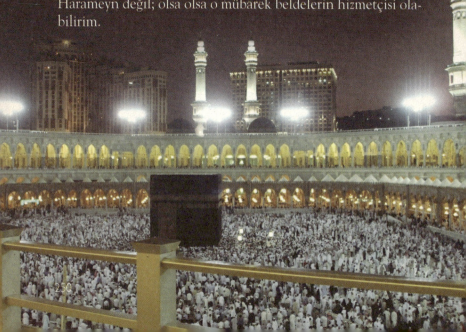

KURBAN

Allah'a manen yaklaşmak için ibadet niyetiyle belir-
li bir vakitte kesilen hayvana kurban denir. Kurban kesmek
mal ile yapılan bir ibadettir ve vaciptir. Allah yolunda gös-
terilen bir fedakârlık, O'nun verdiği nimetlere karşı şükür
borcunu yerine getirmektir. Peygamber Efendimiz, "Kim
(mal) genişliği bulur da kurban kesmezse bizim mescidimi-
ze yaklaşmasın." buyurarak kurban kesmenin maddî gücü
yetenler için ne derece önemli bir görev olduğunu açıkça
bildirmiştir.

DAMLA YERE DÜŞMEDEN

Allah Resûlü (sallallahu aleyhi ve sellem) buyurdu ki:

– Âdemoğlu, Allah katında Kurban Bayramı günü kan akıtmaktan daha sevimli bir amel işlememiştir. Çünkü kestiği kurban, Kıyamet Günü'nde boynuzları, kılları, tırnakları ile gelecektir.

Kurbandan akan kanın damlası yere düşmeden Allah katındaki bir mekâna düşer. Allah katında kabul olunur. Artık gönülleriniz kurban kesmeniz sebebiyle hoş olsun. Kurban sahibi için onun her kılına karşı bir sevap vardır.

İLİM İLİM BİLMEKDÜR

İlim ilim bilmekdür ilim kendin bilmekdür
Sen kendüni bilmezsin yâ nice okumakdur

Okumakdan ma'ni ne kişi Hakk'ı bilmekdür
Çün okudun bilmezsin ha bir kurı ekmekdur

Okıdum bildüm dime çok tâat kıldum dime
Eri Hak bilmezisen abes yire yilmekdür

Dört kitabun ma'nisi bellüdür bir elifde
Sen elif dirsin hoca ma'nisi ne dimekdür

Yûnus Emre dir hoca girekse var bin hacca
Hepisinden eyüce bir gönüle girmekdür

Yunus EMRE

ma'ni: mânâ, anlam.
tâat: Allah'ın emirlerini yerine ge-
tirme, itaat etme, ibadet etme.
yilmek: bir şeye değer verip ardından
gitmek.

EN GÜZEL BAYRAM

Küçük yaştan beri öğretmen olmak hep hayalimdi. Çünkü çevremdeki büyüklerim, hep bu mesleğin güzelliklerini anlatıyor, kendi öğretmenlerimi gördükçe de bu mesleğe karşı olan sevgim her geçen gün artıyordu. Yıllar yılları kovaladı ve üniversite sınavlarında ülkemizin en seçkin üniversitelerinden birinin öğretmenlik bölümünde okumaya hak kazandım. Fakültedeki eğitimimi de başarı ile tamamladım ve iş aramaya başladım.

İstediğim bir mesleğe sahip olduğum için çok mutluydum. Şimdi sıra, vakit kaybetmeden mesleğimi en güzel şekilde yapabileceğim bir eğitim kurumunda görev almaya gelmişti. Bir gün gazetede, yurt dışında görev yapabilecek öğretmen adayları ile ilgili bir ilân gözüme ilişti. Bu ilânda verilen adrese gittim ve yazılı olarak müracaatımı yaptım. Merak ve heyecan içinde sonucu beklemeye başladım. Eğer müracaatım kabul edilirse hem öğretmenlik yapacak hem de yabancı dil öğrenme imkânı bulacaktım.

Bir hafta sonra başvurduğum kurumdan öğretmen olarak kabul edildiğimi öğrendim. Sevincime diyecek yoktu. Bu sevinçli haberi annem, babam ve kardeşlerimle de paylaştım. Gereken hazırlıklarımı yaptım. Bir hafta sonra da ailemle vedalaşıp uçakla yurt dışına çıktım.

Geldiğim ülkenin havaalanında, görev yapacağım okulun öğretmenlerinden birkaçı, beni çıkış kapısında karşıladı. Hep birlikte okula gittik. Okul binası gerçekten çok güzeldi. Her türlü teknik donanıma ve gerekli personele sahipti. İki gün sonra ders programım elime verildi ve derslere girmeye başladım. Birinci yarıyılın nasıl geçtiğinin farkına bile varmamıştım.

Okul, ara tatile girmiş, Kurban Bayramı da yaklaşmıştı. Bu yabancı şehirde yaşamaya yeni yeni alışırken düzenimi bozup memlekete gitmek zor geldi. Ailem de fazla masraf olmaması için bu düşünceme katılıyordu. Onlarla fikir birliğine vararak kısa yarıyıl tatilini bulunduğum şehirde geçirmeye karar verdim.

Peki ya Kurban Bayramı? Gurbette bayramı nasıl geçirecektim? Artık ben de maaş aldığıma göre bir kurban kessem iyi olur, diye düşünüyordum. Tek başıma bir kurbanın etini elbette ki kendim tüketemezdim. Zaten kurban Allah rızası için kesiliyordu. Ben de kurbanımı keser, kendime birkaç kilo et ayırır, kalan kısmını komşularıma dağıtırım, diye düşündüm.

Okulda birkaç Müslüman öğretmen arkadaşım daha vardı. Bu arkadaşlarla sabahleyin kurbanlık koçlarımızı, okulumuza çok yakın bir çiftlikten aldık. Biz Ahmet Bey'le aynı apartmanda oturduğumuzdan kurbanlıklarımızı getirip evimizin bahçesine bağladık. Önce annemleri arayıp bayramlarını tebrik ettim. Ardından meslektaşım Ahmet'le kurbanlarımızı temiz ve boş bir depoda kestik. Kurbanları temizleyip evlerimize götürdük. Eve gelince ailemin yanında geçirdiğim Kurban Bayramlarını hatırladım. Biraz hüzünlendim. Fakat üzüntüm fazla sürmedi. Apartmanda Ahmet Bey dışında Müslüman kimse yoktu. Ama bütün apartman sakinleri benim komşumdu. Dinimizse komşuluğa çok önem veriyordu. Gurbette de olsam bayram bayramdı. Allah'ın mü'min kullarına armağan ettiği kutlu bir gündü. Ve bu mübarek günde, kurban kesen her Müslüman gibi ihtiyaç sahiplerine bu etlerden ikram etmem gerekiyordu.

Fazla vakit kaybetmeden kestiğim kurbanımın etinden, kapı komşumdan başlamak üzere dağıtmaya karar verdim. Bir parça et alıp komşumun kapısını çaldım. Az sonra kapı açıldı:

– Günaydın!

– Hoş geldiniz.

Selâmlaşmadan sonra komşuma kendilerine et getirdiğimi söyledim. Bu hareketim komşumu çok şaşırttı. Teşekkür ettikten sonra bana, "Bir dakika bekler misiniz?" deyip içeriye gitti. Az sonra etin ücreti olarak bana bir miktar parayı uzattı ve,

– Çok teşekkür ederim. Buyrun getirdiğiniz etin ücretini, dedi.

Komşumun bu davranışı beni şaşırtmadı. Çünkü buralarda bizim ülkemizdeki gibi birbirine ikram etmek pek yoktu. Ben komşumun parasını geri çevirdim:

– Getirdiğim et için sizden ücret istemiyorum.

– O hâlde niçin hiçbir sebep yokken bana et getirdiniz?

– Ben Müslümanım. Maddî gücü yeten her Müslüman, Allah adına her sene bir hayvanı kurban eder.

– İyi ama ben Müslüman değilim ki.

– Müslüman değilsiniz ama siz benim komşumsun. Bizim dinimiz komşuluğa çok önem verir. Sizin Müslüman olmamanız benim komşuluk görevimi yapmama bir engel değil.

– Ne güzel dininiz varmış! Zaten Ahmet Bey ve sizin, insanlarla olan diyalog ve ilişkileriniz çok dikkatimi çekiyordu! İnsanlara karşı sürekli iyilik yapmanıza ve onlara yardım etmeye çalışmanıza hayran oluyordum. Demek bütün bu güzel davranışlarınızın temelinde İslâm dini varmış. Ben bugüne kadar inançsız yaşadım. Ben de Müslüman olmak istiyorum. Bunun için ne yapmalıyım?

Aldığım bu cevap beni son derece heyecanlandırmıştı. Ona gönülden Allah'a inanarak "Kelime-i şehadet" getirmesi gerektiğini söyledim. Ardından bir kişinin Allah'a iman etmiş olması için söylemesi gereken bu sözü ona anlattım ve söylenişini öğrettim. Komşum hâlâ ayakta ve kapıda olduğu hâlde Allah'a iman etti. Ardından da,

- Yapmam gereken başka bir şey var mı, dedi.

Ben de kendisine tebessüm ederek,

– Şimdilik bu kadar yeter, dedim.

İşte o an dünyalar benim olmuştu. Bir insan için bundan daha büyük mutluluk olabilir miydi? İnancı olmayan bir insanın Müslüman olmasına Allah beni bir parça etle vesile kılmıştı. O an Peygamberimiz Hazreti Muhammed Aleyhisselâtü Vesselâmın, "Bir kişinin imanına vesile olmak, sahralar dolusu kızıl develerden, üzerine güneşin doğup battığı her şeyden daha hayırlıdır." sözlerini hatırladım. Allah'tan daha başka ne isteyebilirdim ki... Dünyada benim için bundan daha büyük mutluluk olamazdı. Komşumun kapısından tekrar görüşmek üzere ayrıldım. Eve gelip diğer komşularıma da bir an önce etlerini dağıtmak için büyük bir şevk içinde hazırlık yaptım.

KUTUPTAKİ YUMURTA

Güney kutbunun en şiddetli kışlarından biri yaşanıyordu. Hava çok soğuktu ve rüzgâr çok hızlı esiyordu. Böyle bir yerde donmadan kalabilmek oldukça zordu. Ama penguenler, vatanlarının bu kadar soğuk olmasına alışıktılar.

Soğuktan korunmak için yine çok büyük halkalar meydana getirmişlerdi. Birbirlerine iyice sokulmuşlardı. Güçlü olanlar her zamanki gibi en dışa geçmişti. Siyah tüylerle kaplı olan sırtları dışarıya bakacak şekilde dizilmişlerdi. Çünkü siyah renk, güneş ışınlarını üzerine çekiyor ve ısıyı topluyordu. Böylece penguenlerin ısınmaları kolaylaşıyordu. Daha zayıf olan arkadaşlarını halkanın ortasına almışlardı. Çünkü halkanın ortası, kenarlara göre daha sıcaktı. Zayıfların şiddetli soğuğa dayanması dışarıda çok daha zor olurdu. Bu sebeple güçlü olanlar daha fedakâr davranıyordu. Merhamet duygusu içlerinde yaratılıştan vardı. Isınanlarla üşüyenler, zaman zaman yer değiştiriyordu. Böylece en sıcak nokta, dönüşümlü olarak paylaşılıyordu.

O dondurucu soğukta en önemli görev ise ayaklarının üzerinde yavrularını taşıyan İmparator baba penguenlerindi. Yavrular henüz yumurtanın içindeydi. Dışarı çıkmalarına daha vardı. Anne penguenler, yumurtaları babalara teslim edip açık denizlere gitmişlerdi. Babalar, eşlerinin emanet ettiği yumurtayı onlar gelene kadar ayaklarının üzerinde taşıyacaktı.

Kutupta soğuk ve rüzgâr iyice şiddetlenmişti. Baba penguenler artık iyice zayıflamıştı. Derilerinin altındaki yağlar azalmaya başlamıştı. Bu artık beslenmeye ihtiyaç duyduklarının işaretiydi. Çünkü yumurtayı beklerken vücutlarındaki yağları besin deposu olarak kullanıyorlardı. Yumurtaları bırakıp nasıl avlanmaya gidecekllerdi ki? Yumurtaların çatlamasına az kalmıştı. O zaman babalar denizlere gidip avlanacaklardı. Allah onlara keskin ve sivri gagalar vermişti. Bir sürü balık yakalayıp yemek onlar için zor olmayacaktı. Kısa zamanda eski kilolarına kavuşacaklardı.

Halkadaki baba penguenlerden biri başını kaldırıp denize doğru baktı. Eşinin gelmesine daha vardı. Büyük ihtimalle ancak yavru yumurtadan çıktıktan bir iki gün sonra gelmiş olurdu. Baba yumurtayı tekrar kontrol etti. Karnının sarkan derisini itina ile yumurtanın üzerine örttü. Yumurtayı asla düşürmemeli ve üşütmemeliydi. Yoksa yavrusunun hayatı tehlikeye girerdi. Soğuk, kutup soğuğu idi. En küçük hata bile yavrusunun ölümü demekti. Fakat baba penguen, görevini hatasız sürdürüyordu. Çünkü Allah, ona soğuğa ve açlığa rağmen yavrusunu bekleme duygusunu yaratılıştan vermişti.

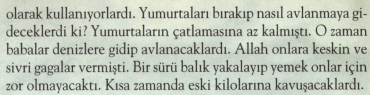

Anne penguen ise yumurtlama döneminde haftalarca hiçbir şey yemeden hep karada beklemişti. İyice zayıflamış ama sonunda yavrusunun içinde bulunduğu yumurtayı babaya teslim etmişti.

258

Kaybettiği kiloları tekrar almak için açık denizlere avlanmaya gitmişti. Yağlı balıklardan bolca yemesi gerekiyordu. Çünkü soğuğa dayanıklı olmalıydı. Geri dönüp yavrusunun bakımını eşinden devralacaktı. Böyle davranmak da anne penguene yaratılıştan öğretilmişti.

Nihayet yumurtadan çıtırtılar gelmeye başladı. Baba yavrusunun yumurtanın dışına çıkmasını sabırla bekledi. Minik penguen iyice ortaya çıkmıştı. Baba penguen, kursağında sakladığı bir miktar besini hemen ona yedirdi. Bu beslenme şekli, anne penguen gelene kadar bir iki gün daha devam edecekti. Hava gerçekten de çok soğuktu. Bütün penguenler birbirine sokulmuştu. Babası yavruyu hâlâ soğuktan koruyor ve besliyordu.

Minik yavru dünyaya yavaş yavaş alışıyordu. Üçüncü günün sonunda karadaki penguen topluluğuna doğru hızla yüzen anne penguenler denizde göründü. Bol bol beslenmişler ve güçlenmişlerdi. Şimdi de yavrularının ve eşlerinin yanlarına dönmüşlerdi.

Baba penguen kalabalığın içinde hemen eşini gördü. Eşi de onları fark etmişti. Hemen yanlarına yöneldi. O an ilk defa gördüğü yavrusuna hemen sokuldu. Minik yavruyu eşine teslim eden baba ise kaybettiği kiloları almak üzere açık denizlere doğru ilerdi. Gözden kayboldu. Küçük yavrunun annesi gelmiş ama bu sefer de babası gitmişti.

Annesi ona özenle bakmaya başladı. Her geçen gün büyüdüğü fark ediliyordu.

Bu arada babasının yokluğu da uzun sürmedi. Bir gün akşam olmak üzereyken baba penguen geri döndü. O da açık denizin yağlı balıklarından yemiş ve eski kilosuna kavuşmuştu. Şimdi de ikisi birden onu büyütmek üzere yanındaydılar. Çünkü Allah, minik penguene can verirken ve hayatının devamını sağlarken anne ve babasını nöbetleşe görevlendirmişti. Küçük penguen, anne ve babasına sevgiyle baktı ve sıkıca sokuldu. Bir gün babasının kendisi için yaptıklarını o da yavrusu için yapacaktı. O yavru da kendi yavruları için... Bütün bunlar onlara yaratılıştan ilham edilmişti.

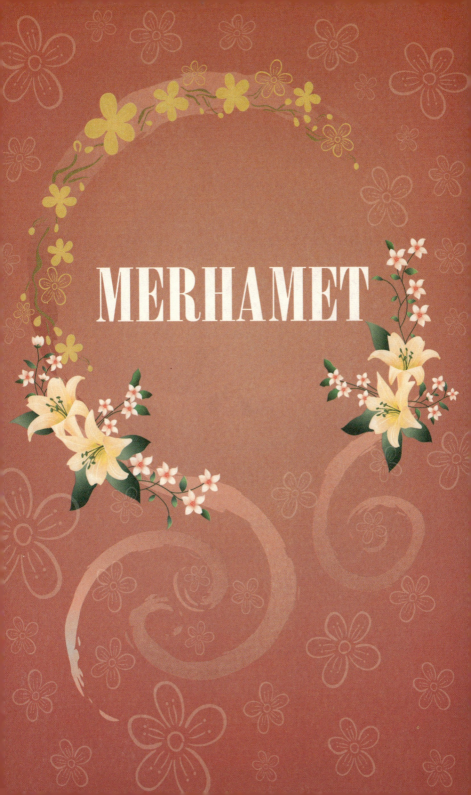

YENİDEN MEKKE

Hicretin yedinci yılıydı. İslâmiyet, Arap Yarımadası'nda hızla yayılmaya devam ediyordu. Ne yazık ki inkârlarında ısrarcı olan müşrikler yine rahat durmadılar. On yıl süreyle imzaladıkları Hudeybiye Barışı'nı daha iki yıl geçmeden bozdular. Allah Resûlü, müşriklerden antlaşmaya uymalarını tekrar istedikleri hâlde müşrikler, buna yanaşmayınca Mekke'nin fethedilmesine karar verildi.

Efendimiz büyük bir ordu hazırladı ve on bin kişilik İslâm ordusu ana vatana, Mekke'ye doğru yola çıktı. Yıllar önce ayrıldıkları, doğup büyüdükleri şehre. Allah'ın evi Kâbe'nin bulunduğu kutsal şehre. Zorla bırakmak zorunda kaldıkları, gözlerinde tüten, sevilen şehre.

Nihayet Efendiler Efendisi'nin kararlaştırdığı gün geldi ve İslâm ordusu, gül şehir Medine'den hareket etti. Mekke'ye gelip Kâbe'nin göründüğü bir tepede karargâh kurdular. Gece yakılan on bin ateşi, Mekke müşrikleri korkuyla seyretti. Zaten dağılmış olan ordularıyla İslâm ordusunun karşısında duracak hâlleri yoktu. Endişe ettikleri tek şey vardı. Yıllardır yapmadık kötülük bırakmadıkları, hatta öldürmek istedikleri Muhammedü'l-Emîn acaba onlara ne yapacaktı? Hepsini uzak memleketlere sürgün edebilirdi. Esir edip pazarda satabilir, köle yapabilirdi. Ya da hepsinin öldürülmesi için emir verebilirdi. Fakat Allah Resûlü, bunların hiçbirini yapmadı. Yıllardır kendisine kötülükten başka bir şey yapmayan bu insanların hepsini affetti. Zaten O, bütün insanlığın kurtuluşu için gönderilmişti. Bu büyük merhamet karşısında Mekke müşrikleri, "Sen gerçekten Allah'ın peygamberi olmalısın. Bu kadar iyilik ve merhamet olsa olsa Allah'ın peygamberlerinde olur. Sen zaten bizim içimizde iyiliği ve güvenilirliği ile bilinen birisin." demekten kendilerini alamadılar.

Arap Yarımadası'nda puta tapıcılığın merkezi olan Mekke, fethin ardından Müslümanların elindeydi. Müşriklerin gücü tamamen kırılmıştı. İlk önce Kâbe'deki putlar kırıldı ve kutsal mekân gerçek kimliğine kavuştu.

KANUNÎ SULTAN SÜLEYMAN VE KARINCA

İstanbul'da güneşli bir günün sabahında Topkapı Sarayı'nın avlusunda bulunan Has Oda'nın kapısı açıldı. Başında görkemli bir kavuk taşıyan, uzun boylu genç adam ağır adımlarla arka bahçeye doğru ilerledi. Bu kişi, Osmanlı Devleti'nin kudretli hünkârı Kanunî'den başkası değildi. İşinden vakit bulduğu zamanlarda bir nefes almak için arka bahçeye çıkar, ağaçları ve denizin maviliğini seyrederdi. Deniz, güneş ve ağaçlar o gün de çok güzeldi. Fakat ağaçlardan birkaç tanesinin yapraklarını buruşturduğunu gördü. Hemen yanlarına yaklaştı ve dikkatle incelemeye başladı. Az sonra ağaçların rahatsızlıklarının sebebini anlamıştı. Karıncalar sarmıştı güzelim dallarını. Aklına hemen bu ağaçları ilaçlatmak geldi. Böylece ağaçlar karıncalardan kurtulacak ve rahat bir nefes alacaklardı. Fakat birden durakladı. Karıncalarda can taşıyorlardı ama. Onlara zarar vermek doğru olur muydu? Bir türlü işin içinden çıkamayan Kanunî, meselenin çözümü için hocası Ebûssuud Efendi'yi aramaya başladı. Hocası odasında yoktu. Hemen oracıkta bulunan bir kâğıt parçasına kafasını kurcalayan soruyu, hem de çok edebî bir şekilde yazdı ve hocasının rahlesinin üzerine bırakarak oradan uzaklaştı.

Birkaç saat sonra hocası odasına gelmiş ve rahlesi üzerindeki kâğıt parçasını görmüştü. Eline hat kalemini alan Ebûssuud Efendi, talebesinin sorusunu yazdığı yerin altına bir şeyler karaladı ve kâğıdı yine rahlenin üzerine bıraktı.

Kanunî Sultan Süleyman diğer işlerinden fırsat bulduğu bir an yeniden hocasının odasına uğradı. Hocası odasında yoktu fakat rahlenin üzerine bıraktığı kâğıt parçasında kendi yazısının dışında bir şeyler daha yazılmış olduğunu gördü. Merakla yazıya doğru eğildi. Okudukları karşısında ibretle tebessüm etti. Kâğıdın üst kısmında Kanunî'nin hocasına yazdığı soru vardı. Merhametli Hünkâr, hocasına şöyle diyordu:

"Meyve ağaçlarını sarınca karınca
Günah var mı karıncayı kırınca?"

Hocası Ebûssuud Efendi ise bu sorunun altına şu cümleleri eklemişti.

"Yarın Hakk'ın divanına varınca
Süleyman'dan hakkın alır karınca"

Evet, gerçekten de hak çok önemliydi. İnsan olmanın gereği çevreyi devamlı korumak ve onların bizlere birer emanet olduklarının farkında olmaktı. Merhametimiz, o kadar büyük olmalıydı ki bir küçücük karınca bile bunun dışında kalmamalıydı. İşte bu ahlâk ile ahlâklanan Kanunî Sultan Süleyman bir karınca karşısında duraklamış ve onu incitmekten çekinmişti.

MERHAMET

Sâib ibn Yezid anlatıyor:

"Resûlü Ekrem torunu Hasan'ı öptüğünde bunu gören Akra' ibn Hâbis şöyle demişti:

— Benim on tane çocuğum var. Ama onlardan hiçbirini öpmedim.

Bunun üzerine Peygamberimiz şöyle buyurdu:

— İnsanlara merhamet etmeyene, Allah da merhamet etmez."

DÜŞMANA BİLE MERHAMET

Çanakkale'de batan gemilerin birinden yaralı olarak denize düşen bir düşman subayı başından geçenleri şöyle anlatıyor:

"Top başında bekliyordum. Her an bir merminin başıma düşmesi mümkündü. Derken müthiş bir patlama oldu. Yere kapandım, sonra dehşetli bir sarsıntıyla havaya fırladım ve kendimi boğazın buz gibi sularında buldum. Mayına çarpmıştık, gemimiz batıyordu. Artık hiçbir şey yapılamazdı. Yüzerek kurtulmaktan başka çare yoktu. Sahil yakındı, fakat sağ bacağım yaralanmıştı. Buna rağmen sahile doğru yüzmeye çalıştım.

Tüfeğine süngüsünü takmış bir Türk askerinin bana doğru koşarak geldiğini gördüm. Denizden yüzerek kurtulmuştum, ama süngüden kurtulamayacağımı düşünüyordum. Türk askeri, silahını yere bıraktı, denize girip yanıma yaklaştı ve beni sahile çıkardı. Cebinden çıkardığı sargı bezi ile yaramı sardı. Titreyen ıslak vücudumu sardı. Mermi yağmuru altında koluma girdi. Yavaş yavaş geriye doğru yürüdük. Türkler siperlerinde bana sıcak çay ikram ettiler. Kendime geldim."